NIETZSCHE

尼采传

晓柏 ◎ 著

中国华侨出版社
·北京·

图书在版编目（CIP）数据

尼采传 / 晓柏著 .—北京：中国华侨出版社，2018.7
ISBN 978-7-5113-7742-5

Ⅰ.①尼… Ⅱ.①晓… Ⅲ.①尼采（Nietzsche,Friedrich Wilhelm 1844-1900）—传记 Ⅳ.① B516.47

中国版本图书馆 CIP 数据核字（2018）第 157044 号

尼采传

著　　者：晓　柏
责任编辑：刘晓燕
责任校对：高晓华
经　　销：新华书店
开　　本：670 毫米 × 960 毫米　1/16 开　印张：15　字数：210 千字
印　　刷：河北省三河市天润建兴印务有限公司
版　　次：2019 年 1 月第 1 版
印　　次：2024 年 2 月第 3 次印刷
书　　号：ISBN 978-7-5113-7742-5
定　　价：39.00 元

中国华侨出版社　北京市朝阳区西坝河东里 77 号楼底商 5 号　邮编：100028
发 行 部：（010）64443051　　　　传　　真：（010）64439708
网　　址：http://www.oveaschin.com　　E-mail：oveaschin@sina.com

如果发现印装质量问题影响阅读，请与印刷厂联系调换。

序言

上帝的挑战者

很多人乐于去谈论尼采的人格，比较起来，却少有人愿意谈论尼采在哲学上的建树。他更像一个象征，一个冲破思想牢笼的猛士，大开大合，所向无前。他是一个狂人，支撑起他的疯狂的是耀眼的才华。不是他自己要疯狂的，是当时的世界疯狂了，清醒的人只要有一个就会被人们视为疯狂。当历史冲开了烟瘴，人们重新回味那个年代的种种现象，才会发现那些时代的先行者是如何的伟大和勇敢。他们用自己的血肉之躯，用自己的思想与整个世界对抗。

在当时的欧洲，资本经济兴起，人们从心底渴望更多身体上和精神上的自由，然而欧洲大陆仍然被封建专制所笼罩，禁锢着人们的身体和精神。同时宗教完全占据了人们的灵魂，人们在思想上臣服于上帝，在行为上受制于教会。封建制和宗教构成了黑暗的世界，人们浑浑噩噩看不清脚下之路，更加不能仰望星空。

在这黑暗的世界中，燃起了一粒灯火，这就是乐观的悲观主义者叔本华。他想要人变成真正的人，而不是受控于政府和宗教的机器。他希望用人的眼光来看待人，每个人都要把自己当作人看待，同时也要把他人当作人来看待。

尼采在一个路边摊上，买到了一本落满尘土的旧书，这本书就是叔本华的《作为意志和表象的世界》。对于别人来说，这是废纸一叠，然而尼采看到了一粒灯火、黑暗中的灯火。叔本华让人们知道这个世界有光明存在，尼采更要让这个世界沐浴在光明之中。

在尼采看来，没有上帝的世界，才是真实的世界。他认为，基督教的伦理约束着人们的灵魂，压抑着人们的精神，想要获得自由，必须挑战上帝。他将自己的思想化为长枪，向他眼中黑暗的缔造者——上帝发起了无畏的冲锋。在尼采的眼中，上帝不只是奴役了人们的思想，还拥有着庞大的世俗力量。光明来临，黑暗便会消退。尼采将自身化为光束，射向四面八方。这黑暗就是上帝的化身，黑暗被驱逐，上帝便死了。

然而，人们的精神已经长久被上帝占据，没有了上帝的奴役，人们感到无尽的空虚。尼采号召人们用自己的意志作为精神的寄托，拥有了意志才能主宰自己。意志源于生命、归于生命，拥有意志才能拥有人生。生命意志超越理性而存在，将向所有压迫者和强者挑战，从他们的手里重新夺回自己的意志。

在尼采的理想中，未来的人都应该是"超人"。在尼采看来，"超人"是进化的必然结果，将拥有强劲的生命力和意志力，是旧有道德和价值观破碎后的产物，将拥有新的道德和旺盛的创造力，是上帝的替代者。

从世俗的角度看，尼采的一生或许显现出一丝悲情色彩，然而他的思想早已化为光芒，帮助人们冲破黑暗。他的伟大值得每个人歌颂。

郭沫若在《匪徒颂》中歌颂尼采道："倡导超人哲学的疯癫，欺神灭像的尼采呀！西北南东去来今，一切学说革命的匪徒们呀！万岁！万岁！万岁！"

尼采继承了启蒙运动的精髓，唤醒了人们的现代意识。他的一生始终处在积极探索和奋力斗争中，被后人视为冲破并照亮黑暗的先驱者。

接下来，就让我们看看尼采是怎样挑战上帝，构建全新世界的吧。

目录

第一章　小牧师

003 … 以国王之名

008 … 接连打击

013 … 瑙姆堡的生活

019 … 严格的中学

025 … 思想转变

第二章　学习的偶像

033 … 伟人的摇篮

039 … 莱比锡大学

044 … 偶遇叔本华

049 … 柔肠铁骨

055 … 相交瓦格纳

第三章　大师的风采

063 … 旷世之作
068 … 追本溯源
073 … 希腊悲剧的衰落
078 … 绝处逢生
083 … 难咽的苦果

第四章　走上新的道路

089 … 无力的挑战
094 … 凤凰涅槃
099 … 重生之后
104 … 决裂的加深
109 … 分道扬镳

第五章　哲学家的春天

117 … 女学生
123 … 暗恋的痛苦

128 … 全面攻势

133 … 萌动的青春

139 … 三人团体

第六章　文化苦旅

147 … "逃兵"的生活

153 … 痛并快乐着

158 … 面具人生

163 … 伟大的序曲

第七章　疯狂的舞者

171 … 横空出世

177 … 变化的艺术

183 … 意志力

188 … 不变的轮回

194 … 超人来袭

第八章　身后的辉煌

203 … 末路时光

208 … 最后的杰作

214 … 伟人受屈

219 … 深远的影响

224 … 在东方的传播

后记 … 229

参考书目 … 231

第一章　小牧师

　　尼采生于一个虔诚的基督教家庭,父亲和外祖父都是牧师,母亲也是虔诚的基督徒。少年时代的尼采十分希望能够成为一个像父亲那样备受尊敬的牧师,于是他时常给伙伴们朗诵《圣经》里的某些章节,为此获得了"小牧师"的称号。

—— 以国王之名 ——

在《朱子语类》中，有一句歌颂孔子的话叫作"天不生仲尼，万古长如夜"。孔子对于中国古代来说，就像一道黑暗中的光，照亮了人们前行的路。在西方的历史上，有一个自称是光的人，他就是尼采。

尼采说："我是光。唉，我真希望我是夜呢！"尼采就像横空出世的一道光，用自己的思想照亮了未来的方向。他说："我生活在自己的光里，我吸回从我爆裂出来的火焰。"他不但是光，还是发光源。人们在介绍尼采的思想的时候，常常引出一句话，那就是："我是太阳。"

尼采出生在1844年的普鲁士，全名是弗里德里希·威廉·尼采。尼采是他的姓氏，在国外语境里，人们通常称呼对方的姓氏，除非有同姓的人在场，才称呼名字。尼采出生在一个牧师家庭里，他的家族长辈都是虔诚的路德派信徒。

尼采的爷爷名叫弗里德里希·奥古斯特·路德维希·尼采，是一个颇有身份的人，曾经担任过教区监督。他是绝对虔诚的宗教徒，而且还著书立说捍卫自己的信仰。他在1804年发表了一篇名为《论促进关于宗教、教育、臣民义务和人生的一种合理的思想方法》的文章，这篇文章的目的是为了消除1796年法国革命和康德思想对宗教的消极影响。尼采的爷爷在妻子去世后又娶了一个年轻的寡妇，也就是尼采的奶奶。尼采的爷爷一生有7个子女，尼采的父亲是其中最小的一个。在尼采父亲的兄弟姐妹中，有一人后来在英国积攒下了巨额财富，最后小尼采成为其财产的继承人。

出生在这样的宗教家庭，路德派对尼采的影响不言而喻。路德派是基督教的一个分支，其创始人马丁·路德在一次"德国历史上最伟大人物"的票选中排名第二。他认为教皇不应该干涉政务，主张政教分离，并宣称教皇不是《圣经》的最后解释人，信徒人人都可直接与上帝相通而成为祭司，无须神父做中介。这样一来，人人都可以通过对上帝的信仰，越过神父直接和上帝沟通。这种思想无疑将人们从对教皇和神父的依赖中解救出来，能够更加自由地思考。对路德派的信仰，无疑为尼采思想的形成提供了灵感，更为他的"我是光"一类的言论提供了注脚。

尼采的父亲名叫卡尔·路德维希·尼采。尼采不但家族世代都是牧师，卡尔·路德维希·尼采妻子的父亲和祖父也是牧师。似乎从他一出生，就已经和宗教结下了不解之缘，他不用理会世俗的困扰，更不用去思考世界的变化，只要沿着祖辈的路不断前行就可以了。

卡尔·路德维希·尼采无论是在个人修养上还是能力上，都毋庸置疑地受人敬仰。他受过良好的教育，举止优雅，学识渊博且容貌上佳。他不但深受信徒信赖，还受到了普鲁士国王弗里德里希·威廉四世的庇护和褒奖。他成为王室的御用牧师之后，先后教导了4位公主。年纪轻轻就深受重用，可以算得上志得意满。

令人遗憾的是卡尔·路德维希·尼采有头痛的毛病，发病的时候，会经常神经质。这使他不能将全部精力放到工作上，不得不花费大量的时间来休息。如果没有这个毛病的话，他的前程绝对不是问题，但是病痛让他失去了一次又一次机会。

宫廷生活虽然很不错，但是病痛已经让他不能很好地完成这份工作了，因此卡尔·路德维希·尼采自愿请求负责一个乡村的教区。他的请求得到了满足，很快就被任命去了洛肯。洛肯是个贫穷的乡村，位于普鲁士和萨克森边境的辽阔平原上。这个地方都是些低矮的房子，可以说是十分荒凉，和原来的生活简直不能相提并论。然而这种似乎有些孤独的生活很适合卡尔·路德维希·尼采，这里事务很少，他有充足的时间来调养身体。

在这个宁静的村庄，卡尔·路德维希·尼采喜欢上了音乐，教堂里的风琴能给他带来巨大的享受。他常常独自一人在教堂里演奏风琴，周围的一些村民被吸引了过来，站在教堂外，欣赏他演奏的美妙乐曲。

陪伴着卡尔·路德维希·尼采的还有他年轻漂亮的妻子，妻子温柔贤淑，对于和丈夫来到这样贫穷的地方也毫不在意。她是乡村神职人员的女儿，举止高雅，衣着考究，他们相识后很快陷入了爱河，并且携手步入了婚姻的殿堂。到了1844年，他们已经结婚4年了，这年的10月15日，妻子为卡尔·路德维希·尼采生下了一个男孩。更令人惊喜的是，这个孩子的生日与国王是同一天。

难掩自己的激动欣喜之情，在教区的登记簿上，卡尔·路德维希·尼采写道："十月，受到祝福的十月，在过去的日子里，我沉浸在你带给我的无尽欢乐当中，但是在你带来的所有欢乐中，最深沉最重要的莫过于我为我头胎子洗礼……我的儿子，我给予你弗里德里希·威廉的名字，并以此来纪念和你同日诞生的我们高贵的恩主。"

这个孩子就是像太阳一样光芒耀眼的尼采，弗里德里希·威廉同样是国王的名字，他们拥有共同的生日，这使得国王允许这个孩子也使用这个名字。尼采对自己的生日和名字也很满意，因为不用刻意去记自己的生日，这一天来的时候一定会举国欢庆的。

小时候的尼采，生活应该是幸福而美满的，但是让他的父母焦急不已的，他们的长子迟迟没能学会说话，他们非常担心自己的孩子是个哑巴。虽然医生在检查之后，告诉他们这个孩子非常健康，但是仍然难以消除他们心中的疑虑。尼采直到两岁半的时候才终于开口说话，卡尔·路德维希·尼采夫妇的心才放了下来。

即便学会了说话，尼采也还是很少开口，只是睁着一双眼睛默默地看着这个世界，没有人知道他的大脑里在想些什么。这个孩子此时还看不出有什么过人的地方，只是非常安静罢了。小尼采不太喜欢热闹，而是喜欢安静地独处。他小时候的玩伴在回忆尼采的时候，说他有某种忧郁和沉思的气息。

卡尔·路德维希·尼采非常喜欢这个孩子，经常带着他散步。他们缓缓漫步在乡间小路上，两人牵着手，路边的池塘映照着天空上的云朵，远处飘来悠扬的钟声。这个情景深深地印在了尼采的脑海里，成为他儿时记忆中最温馨的画面。

尼采还非常喜欢听父亲讲故事，在父亲的口中，尼采知道了宗教历史上的一些重大转折，尤其是一些征战的故事，让小尼采听得如痴如醉。这些故事让小尼采找到了身份认同感，以身为贵族后裔为荣，并对自己严格要求。他曾对妹妹说："伯爵尼艾茨基是绝不说谎的。"尼艾茨基是尼采的小名。他认为自己的波兰血统是值得骄傲的，即便在晚年的时候，也以一个"十足的波兰人"自诩。

大约在4岁的时候，小尼采便表现出一些特异的气质。他对自己的要求严格得有些过分。例如，有一次他为了锻炼自己的意志，模仿古人，将手放在火上烤。在做错事的时候，尼采总是一个人躲到角落里，暗自内疚，直到将问题想明白。

尼采的妹妹曾回忆说，有一次放学回家，正下着大雨，同学们都飞奔并大闹着回家，然而小尼采却像往常一样，以一个绅士的姿态缓步向家中走去。他没有带雨衣，也没有带雨伞，就这样缓步走在大雨中，步伐稳健，泰然自若。之所以这样，是因为学校有规定，作为一个有教养的儿童，在离开学校时，不得在街上乱跑乱窜，必须安静地、举止文雅地走回家中。

可想而知，当他的母亲见到儿子被雨水淋湿后，定然是非常心疼的。小尼采不在乎身体是否受苦，只是遵守内心的行事准则。他认为正确的事情，就要去做，即便会遭受痛苦。这种行为方式，也贯穿了尼采的一生。

随着小尼采的年龄越来越大，家人们开始担心起他的健康来。虽然他继承了家族的贵族血统，但同时小尼采也继承了父亲的体弱多病。他的身体比例不太协调，相比于孱弱的身子来说，头有些大；眼睛也有点斜视，视力不是很好；同时，他还继承了父亲头痛的病症，不过要比父亲的病情轻很多。

尼采性格孤僻，这和他所患有的病症不无关系。他经常要忍受伙伴们的讥笑，这是哪个孩子都不能泰然处之的，小尼采也不例外。他只能将想要说的话藏在心里,躲在角落里默默沉浸在自己的世界中。他的童年或许并不快乐,然而在这种情况下,尼采才能安静下来,进入一个奇妙的状态,这种状态叫思考。思考得越多,小尼采就越不愿意与人沟通。他或许认为和他们沟通是徒劳的,不如在有限的时间内想明白一些问题要来得好。

有个故事,是说科学家研制出一种能够提高智商的药物,将这种药物注入小白鼠的体内,小白鼠的智力就能明显提高,然而这些高智商的小白鼠却陷入了痛苦之中。尼采就是这样高智商的小白鼠,他能理解常人不能理解的玄奥问题,能思考常人不会思考的东西,然而他也感受到了常人不能感受到的痛苦。

接连打击

尼采出生之后，卡尔·路德维希·尼采夫妇很快又有了第二个儿子，随后又有了一个女儿。尼采夫妇的第二个儿子取名为约瑟夫。这个孩子生出来就体弱多病，家人们都非常担心他。

第二个孩子的出生让尼采一家既有了新的希望，又陷入忙乱之中。到了1848年3月，尼采一家已经顾不得家里的状况，他们的注意力被战争吸引了。当时德国南部的各邦先后爆发革命，对尼采一家人来说，这个世界已经不是原来的世界。尤其是尼采的父亲失去了工作，已经不能再顺心如意地生活了。

尼采的父亲希望国家重新安定下来，社会恢复到原来的样子，他不断向国王上书，请求镇压叛乱，但是这个时候国王已经没有能力镇压叛乱，只能向革命者妥协。革命者召开了议会，制定了宪章，开始了新的国家建设。这件事，让尼采的父亲有些难以接受。

站在大街上，看着革命者浩浩荡荡地走过去，尼采的父亲没有任何办法，只能独自生气，为此他整个人都瘦了一圈。尼采父亲的闷闷不乐，弄得全家都处于阴霾之中。

这段时间，尼采父亲的病情似乎更重了一些。有时候他会在看书时，突然发呆，然后直直地坐在椅子上，盯着一个地方，甚至是双目空洞没有聚焦点。尼采父亲的身体越来越差，有时候身体会忍不住地痉挛，与此同时，他的记忆力也大不如从前了。医生在看过之后，表示尼采的父亲神经过敏，不能再遭受任何刺激，最好在家休养，不要再做事了。尼采的母亲只好在家尽力照顾自己的丈夫，然而尼采父亲的病情始终不见好转。

不幸的事情总是突如其来。尼采的妹妹在书中说，在1848年8月，父亲从自家门口的石阶上摔了下去，他的头撞到了石阶坚硬的边缘。这次撞击让他的头部受到重创，加剧了他头痛和神经质的病痛，甚至使他完全失去了理智。随着体力的衰竭和并发症发作，在一年后，他便失去了生命，这一天是1849年7月30日。

有一种说法是尼采的父亲根本没有撞到石阶上。美国作家H.F.彼得斯在其著作《尼采兄妹》中写道："在她（尼采妹妹伊丽莎白）撰写的尼采传记中，她一再重复提到她父亲跌落石阶的事，今天看来这都是对尼采牧师死因的公然编造。"之所以编造这种说法，是为了掩盖尼采家族拥有遗传精神疾病的事。无论真相如何，尼采已经和父亲永别了。

尼采父亲的去世对他们家无疑是重大的打击，他们家的顶梁柱倾塌了。尼采的父亲被穿上了干净整洁的衣服，放到了棺材里，随着众人的哭声埋葬到了墓地里。尼采父亲过完了自己的一生，然而尼采一家人的日子还要过下去。

尼采对父亲的去世悲痛不已。数十年后，尼采还在他的自传里提到了父亲。他写道："我父亲36岁时就去世了。他体贴别人，和蔼可亲，文弱而多病，就像是一个命中注定的匆匆过客——与其说对生命本身的亲切回忆，不如说对其人生的亲切回忆。在我父亲生命衰老那年，我的生命也开始衰老。"

尼采小时候，写过一首名叫《归乡》的诗，表达了他对父亲逝去后的思念。

这是痛苦的日子，
当我一度离开；
心儿加倍地忧虑，
当我如今归来，

旅途怀抱的希望，
毁于残酷的一击！
呵，灾难深重的时光！
呵，不祥的日子！
我久久垂泪，
在父亲的坟前，
苦涩的泪水
洒在家庭墓园。
父亲珍贵的房屋，
如今凄凉又沉闷，
我不禁常常逃出，
躲进阴暗的树林。
……

在经历了父亲的去世后，尼采一家的厄运并没有结束。1850年1月，尼采的父亲刚刚去世几个月，全家还沉浸在对尼采父亲去世的悲痛之中，尼采年仅两岁的弟弟病倒了。尼采弟弟的生病非常突然。尼采还来不及有所反应，就失去了自己的弟弟。

尼采弟弟的尸体被用一块黑布包裹起来，放在了教堂潮湿的地板上。接连的打击让尼采全家痛苦万分，最难过的莫过于尼采的母亲了，她趴在尼采弟弟的尸体上，哭得撕心裂肺，泪如雨下。然而无论怎样痛哭，都不能唤回失去的孩子。

尼采的弟弟和他的父亲葬在了一起，到另一个世界做伴了。尼采和母亲、妹妹还要在这个世界上继续生存下去，逝者可悲，生者何尝不可怜。

当时的尼采只有五六岁，好像在弟弟死之前就有了预感，他做了一个忧伤的梦。他没想到，这个梦，这么快就变成了现实。尼采在自己的书里，记录下了当时的情景，他写道："当一棵树冠遭到毁坏，等待它的只有枯萎，鸟儿也将离弃树枝。我们家的树冠已经受到毁坏，欢乐离弃了我们的心灵，代之而起的是深广的悲哀，然而就在我们的伤口接近愈合之际，它整个又被痛苦地重新撕裂。大约就在这个时期，我做了一个梦，梦里我听到了忧伤的风琴声，就像在葬礼上听到的一样。我正想试图探究这音乐的起因时，一座坟墓猛然裂开了，从里面走出了我身穿寿衣的父亲。他穿过教堂，重回时怀里抱了一个小孩，接着坟墓再次裂开，父亲消失在里面，墓石重又移回原处。在这当儿，风琴的哀诉立即止住，我惊醒了。第二天早上，我把梦告诉了我亲爱的母亲。紧接着，我的小弟弟约瑟夫病倒了，经过几个小时的折腾，最终死了。我们悲伤至极，我的梦完全应验了，因为小弟弟的尸体就被安埋在父亲的怀里。经历了这双重灾难，天国之父成了我们唯一的安慰。这时将近 1850 年 1 月底。"

在尼采的父亲活着的时候，生存对这个家庭来说从来不是问题，但是当尼采的父亲死后，尼采一家人必须面对吃饭问题。这时全家的收入微薄，仅靠父亲每年 160 马克的抚恤金维持生活。尼采的母亲，这位优雅的女性，必须肩负起照顾全家的使命，这对一个从小没吃过苦的女性来说，何其艰难。

然而不幸的事接二连三地发生，他们家住的地方是牧师的住宅，如今尼采的父亲去世了，应该被收回。这对全家来说，无疑是另一个重大打击。没有了自己的家，他们不知道该何去何从。

尼采一家如今有 6 位成员：尼采，他的母亲和妹妹，还有奶奶与两个终身未嫁的姑姑。尼采是家里唯一的男子汉。最后，尼采的奶奶提议搬到塞纳河畔的瑙姆堡居住，那是尼采奶奶的娘家，搬到那里多少有人照应。全家对这样的安排都表示同意，这样他们便开始了新的征程。

没用多长时间，尼采一家人便收拾完了东西，坐在马车上离开洛肯，路的尽头便是瑙姆堡。

瑙姆堡大约有 1.5 万人，这些居民大多是神职人员、律师和枢密顾问。这种人员构成和瑙姆堡的历史不无关系，这是一座充满传说的城池。在 10 世纪的时候，神圣罗马帝国最伟大的国王之一奥托大帝在瑙姆堡为大主教建造了居住区。为了抵抗侵扰，在居住区周围建造了高大的城墙，因此这里神职人员很多。同时，这里还是上诉法院的所在地，律师多也就不足为奇了。

这座城池为了抵御进攻，拥有高大的城墙，可以称得上是一座要塞。瑙姆堡拥有五座城门，还延续着古老的传统，每天早上5点开启城门，晚上10点关闭城门，风雨无阻。毫无疑问，这座城池最高大的建筑就是大教堂，大教堂上有4座耸立的尖塔，象征着神灵的至高无上，每当礼拜的日子，全城的人几乎都会进入这座教堂里，向他们的上帝祷告。

瑙姆堡是高大、传统而又神圣的，尼采的妹妹伊丽莎白称这是一座"基督教的、保守的忠于王室之城，是祭坛和皇冠的支柱"。从此，他们就将生活在这个地方了。

首先要做的事是找到住的地方，他们租了一间还算宽敞的房子。这间房子的主人是个铁路总监，将一栋两层楼的第一层租给了他们。尼采的奶奶住在前厅，尼采的两个姑姑住在前厅后面的房间，尼采和他的母亲、妹妹住在后面的两间小屋里。

尼采一家人面临的第二个问题便是生活来源，尼采父亲的抚恤金毕竟太少，很难维持一家人的生活。在城市里不同于乡下，需要花钱的地方更多了。

值得一提的是，尼采有一个在英国经商的叔叔去世了。他没有后代，留下了一笔遗产，而尼采正是这笔钱的合法继承人。这笔钱对尼采一家来说非常重要，起码能够使他们一家过上较为舒适的日子。

尼采毕竟是来自乡下的小孩子，对城里的生活不可能马上适应。毕竟和他们相处的不再是贫苦的农民，而是衣着华美的城里人了。城市里的设施更是农村所不能比拟的，整齐的草坪和高大的楼房，都让尼采为之着迷。他后来回忆道："瑙姆堡是我们旅行的目的地，它给我的印象极不平常。这里有很多的新事物，教堂、房舍、公共广场和街道，这一切激起我的惊奇，一开始就使我的感官进入了光怪陆离的世界。它的周边也引人入胜，那美丽的山峦和河谷、宫殿和古堡，一切都使我古老家乡的质朴情调相形见绌。"

新的环境需要适应，更要面对许多未知的挑战，然而尼采一家人心里燃起了希望的火焰。

瑙姆堡的生活

刚刚搬进瑙姆堡的时候,一切都充满了新鲜感。然而仅仅过了几天,新鲜感就消退了。他们毕竟是外来户,尤其是从乡下来的,别人看他们的眼神充满了异样的意味。尼采的母亲对他的管教非常严格,因此他也不能随时上街玩了。

尼采的家人对他的学业非常关注,即便在面临生存问题的时候,仍然没有放松尼采的学业。他的家人们很早就教导尼采读《圣经》,想要将他培养成一名优秀的神职人员。

令家人们担心的是,尼采从小就近视,还有头疼的毛病。这似乎是遗传自他的父亲,正因如此才更令人担心。医生也没有更好的办法,只是建议用冷敷法、淋浴和散步的方法帮他治疗,值得欣慰的是疗效还不错。

尼采6岁时,家里人开始为他考虑上学问题。当时面临着两个选择,一个是市属学校,另一个是一家私立学校。市属学校学费很便宜,私立学校的学费很贵,可以称得上是贵族学校。从学生素质和教学质量来说,私立学校也担得起贵族之名。当时尼采家不敢多花钱,便将他送到了市属平民学校,而且也希望尼采在平民学校能和孩子们多些接触,以便顺利成长。

然而这家学校根本不适合尼采,这出乎尼采家人的预料。他和那里的孩子们格格不入,根本不能适应那里的环境。这和尼采的性格和成长环境不无相关,他们家只有尼采一个男性成员,他是在女人的呵护下长大的,这使他的性格显得羞涩和内向。他已经不适应和粗野的同龄人斗嘴甚至打架了。他对同龄人之间的不道德行为不能理解，也不能忍受，但是对发生的一切又无能为力。

尤其是尼采的文弱，使他成为同学们欺负的对象。尼采没有办法，只能尽量不和他们接触，躲着那些坏孩子。在下课的时候，别人都在玩耍，尼采一个人在草地上读着《圣经》。这副样子也成了同学们嘲笑的理由，很多人给他起了个"小牧师"的外号。这段经历让尼采备受煎熬，使他品尝到了屈辱的滋味，更让尼采体会到了人性的深层次的东西。

这段岁月虽然很快就过去了，但是在尼采心里留下了不可磨灭的印象。在1851年，尼采转学到了一所私立学校，这所学校是大教堂文科学校特设的预备学校。

在这所学校里，尼采认识了两个朋友：威廉·平德尔和古斯塔夫·克鲁格。说起来，这两个人的父亲和尼采的奶奶是旧相识，他们的父亲都是枢密顾问，和尼采的奶奶关系不错。尼采和这两人交好，也算是世交了。

负责他们3人监护授课的是一位年轻的神职人员。这位年轻的老师学识渊博，非常有教学经验。这位老师和他们一起研修《圣经》，学习古希腊语和拉丁语。除了学习外，这位老师还经常带他们去郊游，教他们怎样射箭。

这段时间是尼采最美好的时光之一，这段时光不仅让他学到了古希腊语和拉丁语，更重要的是他养成了一些好习惯，拥有了两位好友。

威廉·平德尔后来在自传中回忆起这个时期的尼采时说："他基本的特点是忧郁。从童年时起他就喜欢独处和深思，他心地善良而又深沉。虽然还是个孩子，但他当时已经在思考许多宗教和哲学问题。作为一个男孩子，他醉心于各种他自己发明的游戏。他从不做任何未经思考的事情，而且不论他做什么事情都有明显的目标和充分的理由。谦虚与知恩也是他的两个主要特点。"

在新的学校，尼采体会到了在新环境里生活的快乐，也变得更开心了。

尼采的妹妹伊丽莎白也逐渐长大。伊丽莎白这个名字是一位公主的名字，同样是尼采的父亲为了表示对国王的敬爱而起的。这个可爱的女孩子拥有一双明亮的大眼睛，显得非常活泼可爱。尼采和妹妹的关系很好，妹妹非常崇拜他。尼采和妹妹两人经常一起去玩,冬天去滑冰,夏天去游泳,春天去郊游,在野外游乐。尼采和朋友们排演了一场古希腊神话故事剧,让妹妹也参与其中,出演了智慧女神雅典娜。

尼采经常和妹妹就某些问题进行讨论,虽然伊丽莎白常常说不过尼采,但是仍然坚持自己的观点。她的固执性格很早就体现了出来,由此可见一斑。

让尼采最为兴奋的是国王生日这一天。这一天城里会举行盛大的庆祝仪式,尼采非常高兴,因为这也是他的生日,就好像这些仪式是为尼采庆祝一样。尼采说:"在那一天,我总是被军乐声唤醒,总是收到各种礼物。庆祝仪式很快就结束,然后我们一起走进教堂。尽管布道词是对国王而不是对我的特别祝福,我却总是拣其中最好的话自己享受。此后,我们全体聚集在学校里庆祝这个重大的节日……集会结束之前,大家一起唱一支优美的爱国歌曲,主持人宣布散会。接着,我的一天之中最美好的时刻来到了,我的朋友们来了,我们在一起度过欢乐的一天。"

1855年,尼采和两个朋友威廉·平尔德、古斯塔夫·克鲁格一起转入多恩预科学校。他们由于成绩优秀,直接升入二年级。他们3个将在今后的4年中,仍然一起生活学习。这期间,他们的友谊也进一步加深了。

尼采的这两位朋友的父亲都很有学问和教养,在与他们的接触中尼采受益匪浅。尼采父亲很早就去世,这让他缺少父爱,缺少父亲的教导。这虽然令人遗憾,但也并不全然是坏事,缺少父亲的角色,可以让他"严格认真地进行思考";同时,没有父亲的桎梏,他可以更自由地发展,更自由地思考。在好奇心的驱使下,尼采可以向更多的人学习自己喜欢的东西。

他们家族似乎有音乐方面的天赋,他的外祖父和父亲在音乐方面都有很高的造诣。尤其是尼采的父亲,钢琴弹得很好,管风琴也弹得不错,他非常喜欢即兴式演奏,常常被邀请到宫廷进行演奏。另外,他还经常为一些歌词谱曲。

尼采从小就对音乐有强烈的兴趣,这或许是继承了父亲在音乐方面的天赋。尼采对音乐非常着迷,他不但喜欢欣赏、演奏音乐,并且能够创作歌曲。他常常在音乐的伴随下,陷入沉思之中,这个习惯贯穿了尼采的一生。即便是在晚年的时候，尼采仍然痴迷于音乐，仍然需要音乐的伴随。他说："没有音乐的日子，简直不知该怎样度过。"尼采曾经表示，若要在音乐和哲学之间选择的话，他情愿自己是个音乐家。

在尼采的两个朋友中，克鲁格对音乐同样非常感兴趣，他们能够交流音乐，并且一起演奏乐曲。更令人高兴的是，克鲁格的父亲是当地有名的音乐家，在音乐界人缘很好，认识许多音乐家。由于这层关系，尼采也得以和一些音乐家接触，并与他们熟知，还从他们那里聆听到了莫扎特、海顿、舒伯特、门德尔松、贝多芬、巴赫等名家的作品。尼采的母亲为了支持尼采对音乐的兴趣，为他购买了一架钢琴，这对本就不富裕的家庭来说，是一笔不小的开支。同时，她还为尼采请了一位钢琴家作为尼采的家庭教师，这更是花费不菲。

接受了良好的教育之后，尼采的音乐水平突飞猛进。音乐几乎成了他生活的一部分，对他的方方面面都产生了影响，尤其对他精神领域的影响也是不言而喻的。在少年时代，尼采常常为朋友们即兴演奏，以这种方式招待朋友们。尼采在青年时代，留下了许多音乐创作，尤其是在当了大学教授之后，尼采更是把音乐当成愉快的休闲。甚至直到晚年，尼采还试图从音乐中找到灵魂的寄托。他一生中留下了许多动人的乐章，如下面这首《威尼斯》便是其代表作之一。

在这黄昏的夜晚，
我伫立在桥边。
远处飘来的歌声，
像金色的雨点，
在朦胧的水面上飞溅。
音乐、灯火、小船，
荡漾在醉沉沉的水面。

我的心弦，

被无形地拨动，
悄悄弹奏一支船歌，
战栗在绚丽的欢乐前。
你们可有谁听见？

这是尼采的音乐，同样是尼采的诗歌，是尼采对美的感悟和抒发。哲学是尼采的一面，音乐同样是尼采的一面。他没有成为音乐家，但是不能因此就忽视尼采对音乐的喜爱，以及音乐对尼采的影响。尼采在哲学中抒发了自己对世界的探索，在音乐中，则表现出了对美的探索。

尼采的另一个爱好是文学，音乐和文学在很长一段时间内就是他的全部。值得庆幸的是，他的另一位好友平德尔也对文学非常喜爱，他们经常在一起谈论诗歌和小说，还会将自己的作品拿出来交换，相互欣赏。两人的文学水平在交流中稳步提高，以至两人的感情也更加稳固。

平德尔的父亲在文学方面也有不俗的造诣，他是位法学家，拥有极其丰富的学识。家里有丰富的藏书，他自己有大量的阅读经验，经常推荐给他们一些文学作品。这些文学作品对尼采的成长来说，无疑是非常有帮助的。在很小的时候，尼采就已经阅读了海涅、歌德、拜伦等人的优秀作品。通过对这些文学作品的学习和理解，尼采的心智成熟得非常快。他自己曾经说过他在13岁的时候就已经成熟了，从这时候起尼采开始思考更深层次的问题了。

在14岁的时候，尼采开始写日记，从此养成了记述自己思想历程的习惯。他记叙下了这段时期对创作诗歌的理解和感悟。他说，这段时期的诗歌创作可以分为三个阶段：9岁之前，尼采的作品主要是对自然景物的描写，且喜欢冗长的语句。此时的创作并不成熟，语言生硬无趣。在9岁到14岁是第二个阶段，这时的尼采已经学会用一些委婉的词句，细腻地描绘自己的情感世界。这段时间尼采的创作数量非常多，仅仅在10岁这一年，他就写了55首诗，甚至还想过要写本书。在14岁之后，尼采希望掌握基本的格律运用，以便写出更加成熟的作品。甚至有段时间，他立下了每天写一首诗的宏愿，但这只是一个计划，后来并没有实施。

通过撰写诗歌，尼采对文学有了自己的领悟，并且总结出了一些理论，他说："一首用空话和概念堆砌起来的内容空洞的诗，就如一只内里生虫的红艳艳的苹果。在一首诗里，应该完全去掉套语，因为经常使用空话，证明一个人自己不能有所创造。"

我们可以通过欣赏尼采的一首小诗《归乡》，来感受尼采的诗歌素养：

当钟声悠扬回响，
我不禁悄悄思忖：
我们全体都滚滚
奔向永恒的家乡……

这首《归乡》没有那么多哲学意味，却充斥着对故乡的感情，仿佛一位孤独的游子，游荡在一座孤寂的城池。城中有壮美的教堂和其他唯美的建筑，但是这一切与己无关，在不经意间或许就会思念起永恒的故乡，试图回归灵魂的深处。尼采在写这首诗的时候只有 14 岁，在他的思想里已经找不到青涩的因子了。就像他说的，在 13 岁已经成熟，到了 14 岁的时候，看待问题已经非常深刻了。

不能忽视的是，此时的尼采只是个瘦弱的少年，和他思想的伟大似乎不成正比。任谁也不会想到，这个单薄少年的大脑里，已经开始酝酿对这个世界的深刻理解了。

尼采的一生似乎常常和不幸相连。在 1856 年的夏天，他的一位姑姑去世了，更为不幸的是在第二年，他的奶奶也去世了。他奶奶留下了一些遗产，给了尼采和他的妹妹伊丽莎白。在尼采母亲的坚持下，尼采和自己的母亲以及妹妹搬了出去。他们购买了一栋两层楼，在楼上居住，将一楼出租了出去。

这栋小楼对尼采来说具有非凡的意义。在开始的时候，他们只是希望在这里暂住一段时间，然而尼采的母亲在这里一待就是 40 年。尼采在晚年的时候，也被家人接了回来，然而此时的尼采已经深陷在自己的哲学里，精神不太正常了。

—— 严格的中学 ——

1858年,尼采小学毕业了,这一年的假期对尼采来说,意义非凡。

像往常一样玩耍的时候,尼采忽然意识到自己的生命已经刻画了14个年轮,此时的自己似乎和以前有很大的差别。尼采便想将自己曾经经历的事情记录下来,作为人生一个阶段的总结和回忆。于是,他开始回忆自己生活的点点滴滴,并将之诉诸笔端。在过去的日子里,尼采和一个又一个亲人永别,更换了居住地,拥有了朋友,并且和音乐、文学结下了不解之缘。

他拿起了钢笔,用自己优美的文笔开始撰写自己的童年。尼采用了12年的时间撰写了自己的童年史,这对当时的尼采来说,无疑是一件大事。在写完之后,尼采非常兴奋,他说:"此刻,我已经恰到好处地结束了我的笔记。我对我的工作感到满意。我写作的时候怀着巨大的喜悦,丝毫也没有感到些许疲倦。回顾一下早年的生活历程和灵魂的发展轨迹是件深有意义的事情。我已经诚实地记述了所有的事实,不带诗意,不加修饰。但愿我以后还能多写一些这样的东西。"

尼采写了一首小诗《生活是一面镜子》,作为这部童年史的总结。

生活
是一面镜子,
我们梦寐以求的
第一要务,

是从中认出自己，
必须努力求索。

这是一首富含哲理的小诗，在这首诗里尼采提出了一个亘古难解的问题，就是"我是谁"。尼采认为生活能够映射出自己的影像，从而对自己进行模糊的辨认。这部童年史就是尼采对自己辨认的过程，他已经走在了通向哲学家的路上。

这年10月，好运降临在了尼采的头上。普夫达学校的校长给尼采的母亲寄来一封信，告诉她愿意为尼采提供奖学金，以资助尼采就读这所著名的学校。

普夫达学校可谓大名鼎鼎，拥有悠久的历史，教学质量也非常高。这所学校的年纪比德国还要大，德国诞生的时候，这所学校就已经有学生和老师了。

这所学校也和宗教有关。在12世纪的时候，来自拉丁西部的西多教团的僧侣，来到普夫达学校的所在地，修建了城堡和教堂，建立了普夫达学校。后来西多教团的僧侣被驱逐了，他们建立的普夫达学校却保留了下来，并继承着优良传统。

这所学校的教学风格以严肃闻名，仍然按照原来的教会风格管理学校：来到这所学校的学生必须住校，不能住在家里。学校严格控制学生们的享乐行为，几乎一切和学习无关的事都会被禁止。在学校里，高年级的学生负责管教低年级的学生，而且每20个学生就有一个老师专门指导。

这简直是一所修道院式的学校，无论是老师还是学生都必须做到一丝不苟。这种生活和学习方式无疑是非常有效的，因此这所学校培养出了大量的人才，其中不乏声名显赫之辈，如德国浪漫主义诗人诺瓦利斯、德国哲学家费希特等。尼采有机会来到这所学校无疑是非常兴奋的，他认为自己能够在这所学校里获得自己渴求的知识。

当尼采辞别家人，来到这所著名的学校时，他心里开始有了异样的想法。这所学校的管理严格到令尼采非常地不适应，作为新生，必须在高年级同学和老师的督促指导下生活学习。尤其是当望着高达6米的围墙时，尼采甚至觉得这不是一所学校，而是一座监狱。在学习上更是严格，学校开设了宗教、希伯来文、希腊文和拉丁文等课程，每个科目都不容易应付。

学校的环境和家里的环境简直天壤之别，在家里只有尼采一个男性，因此充满了女性气息，女人的温柔和体贴让尼采感受到的是宠爱和温馨；但是在学校里却是另一副样子，到处都是规矩，充满了男性的阳刚之气。这种巨大的反差，让尼采一时难以适应。

在刚刚到学校的时候，尼采常常给家里写信，提出一些要求，例如他在一封信中写道："今天，我寄去一双旧手套、一件旧背心和破得很厉害的黑裤子，但礼拜天我必须再得到这些东西（除了送给姑妈的照片和信件之外）……但是，同时也要捎给我些干果，我非常想吃核桃……可是，为何不捎巧克力粉给我……要是能捎来像你亲手做的那样漂亮的点心，我会喜出望外的。我根本没有胃口，最想吃的是水果，但我没钱去买。"

尼采的母亲每次都能满足他的要求，为他准备好一切。尼采的身体不太好，常常生一些小病，而且他头痛的毛病也常常发作，因此尼采的母亲不得不经常为他送去药品。值得庆幸的是，在每个星期天下午他可以离开学校，他的母亲、妹妹和两个朋友会来迎接他，共同度过一个美好的下午。

对于这所学校的清规戒律尼采很难适应，也不愿意和陌生人交流。不过，尼采在这所学校的时候做的一件事，却让同学们很难不记住他。

这件事还要从一个故事说起。当年克卢西姆王波尔森那亲征罗马，传说中的罗马英雄穆奇乌斯去行刺他。然而这场刺杀并没有成功，而是以失败告终，穆奇乌斯被逮捕了。

波尔森那要亲自审问这个胆大包天的狂徒，这时穆奇乌斯为了展示自己的英勇，将右手伸到了火堆里。传说他面不改色，毫不退缩。穆奇乌斯的英勇感动了波尔森那，波尔森那便将他放走了。经过这件事之后，穆奇乌斯的右手残疾，被市民称为"左撇子穆奇乌斯"。

这个故事广为流传，人们纷纷赞颂穆奇乌斯的英勇，然而尼采的一些同学却认为这个故事是杜撰的，理由是"没有一个人会有勇气把手放进火里"。

尼采在这个问题上和那些同学持相反的态度,他没有和他们辩论,而是用行动证明同学们的理由是错的。尼采伸出了手,从炉火中徒手拿出了一块燃烧着的煤,然后将这块煤放在了自己的手掌上。

同学们都被尼采做的事吓坏了,此后,没有人再否认英雄穆奇乌斯的英勇了。这件事也让尼采倍感自豪,手上的伤疤便是尼采荣誉的象征。为了让这道伤疤更加醒目,尼采还将蜡熔化,使之流过这道伤疤。

在入学的第一年里,尼采忙于适应新环境,在课程之外几乎没有写过什么东西。能让一个喜欢文学的孩子放弃写作,显然是生活不够如意。

1859年7月,学校放假了,尼采终于走出了牢笼,恢复了自由。在这段时间里,尼采见到了久别的朋友,还走访了留下深刻记忆的一些地方,他还到耶拿和魏玛去旅行。

自由让尼采的文学灵感又迸发了出来,他将自己的这段假日时光写成了一篇抒情散文。在文章里尼采表达了对自由的向往,以及对禁锢自由的厌恶。他在文章中写道:

当我们离开暗黑的围场时,太阳已经下山了。我们背后的天空沐浴在金色霞光里,我们头顶的上空闪耀着玫瑰色的云彩,城市匍匐在我们眼前,静静憩息在夜晚的和风里。啊,威廉,我对我的朋友说,还有什么事情比我们结伴漫游全世界更快乐呢?哦,快乐的友谊,忠诚的友谊呵,呼吸一下这美丽的夏夜气息吧,这花香,还有这绯红的晚霞!难道你没有感觉到你的思潮正在高歌升腾吗?它就像是欢歌的云雀,栖息在金光灿灿的云端。瞧这夜晚的奇观!这就是展现在我面前的我自己的人生。我自己的命运就是这样安排的:一部分被封锁在暗黑的阴影里,其余部分则飞升于自由的空中!就在那一刻,我们的耳朵被一声尖锐的叫喊撕裂。那声音发自我们路旁的疯人院。我们的手握得更紧了,就好像是某个恶魔扇动着险恶的翅膀触及了我们。滚开,你这邪恶的势力!即使是在这样美丽的世界里,也还存在着痛苦的灵魂!但是,痛苦又是什么呢?

8月份，尼采重新回到了学校，这次他的心情同样不好。和上次不同的是，他知道自己将要进入的是个多么禁锢自由的地方了，甚至因此感觉有点厌恶。为了排解忧闷，也是为了反思，尼采开始写日记。

在进学校的最初几天里，尼采的日记里不乏一些名言警句，以便激励自己。这样做似乎效果不佳，他开始记录自己的学习和生活，还有那令人痛苦的病情。文学成了尼采排解寂寞的有效手段，这些文字也成为我们如今认识尼采的重要资料。

重新进入学校之后，他有时会对环境非常抗拒，有时又能从他的日记中看出对戒律的妥协。在平时，尼采会通过撰写散文来排遣心中的郁结，然而当感情深挚的时候，散文便不能让尼采满足了，他便开始撰写诗歌。他写过一些韵文、四言诗和六言诗，这些诗歌承载着尼采激烈的情绪。

尼采的写作和他的情绪密切相关，当他相对平静的时候，就会撰写散文，诗歌则是更热烈情绪的产物。不同的文学形式蕴含的情绪和力量是不同的，尼采对这些不同的文学形式已经能熟练运用了。

这所学校的生活并不是只有苦闷，尼采似乎已经渐渐接纳这所学校了。或许是通过在日记中撰写散文和诗歌使尼采想通了某些事，他已经能够接纳生活中美好的一面。

他会和同学们一起外出散步，领略大自然的美好；他参加了合唱团，音乐重新在他的心头响起；他还会去集体洗澡，这也是愉快的经历。在尼采的文字中，这些令人愉快的情景都得以展现。

尼采记述了他们外出游玩的情景：当天气炎热的时候，两百多名学生就会一起唱着歌奔向河边。他们会按照秩序跳到河里，在河里嬉戏玩耍，不惜将自己的体力耗尽，便顺流而下。当时间差不多的时候，老师就会召集他们。同学们爬上岸，冲干净身上的泥沙，穿上整洁的校服，排着队唱着歌，回到学校。

这种场面让尼采感受到了生命的快乐，在日记中尼采感慨道："这实在是棒极了。"

这段时间的日记并不是连续的，有时候会中断几天，甚至在9月份的时候中断了一个月。到了10月份，当尼采重新写日记的时候，这本日记也将结束了。

尼采在后面写道："自从我开始写这本日记以来，我的心境已经完全改变。那时我们还置身于夏末的一片葱茏中，而现在，唉！我们是在深秋。那时我还是一个小男孩，而现在我已经快变成大人了……我的生日来了又去，我逐渐变老——时光匆匆，就好比是春日的玫瑰；欢乐易逝，就像是涧流里的泡沫。"时间不能改变一个人，能改变一个人的只能是心灵的成熟。通过写日记，尼采对自己进行了深刻的解读，对周围的环境有了更深刻的理解，他更加成熟了。

尼采还写道："此时此刻，我感觉自己被强烈的求知欲攫住，这是对知识、对世界文明的渴望。这一冲动是我刚才读到的洪堡的书刺激起的。但愿它能像我对诗歌的热爱那样持久不衰。"

一反曾经的被动和失落，尼采开始制订自己的学习计划。他的学习计划非常宏大，将地质学、植物学、天文学与拉丁语读物、希伯来文、军事科学，以及各种技能的学习结合在一块儿。这时他对宗教非常痴迷，他认为"首当其冲的研究对象是宗教，它是所有知识的基础。无比巨大的就是知识的领域，永无止境的正是对真理的追求"。

尼采追求真理的梦已经觉醒了，虽然仍很稚嫩，但是已经向着心中的目标大步前进了。

思想转变

学校里的生活对尼采的帮助是非常大的,尽管他对学校的高压政策非常不满,然而毫无疑问,学校的教育让他在知识的海洋里遨游得更远。

在这段时间里,尼采阅读了更多的书籍,他最喜爱的作家是荷尔德林。当时荷尔德林还不出名,这也足以说明尼采在文学领域是非常有眼光的。尼采和荷尔德林的相遇,仿佛是命运的安排,他们有许多相似之处,这或许就是尼采喜欢他的原因。

当尼采看到荷尔德林的著作时,后者已经去世了。荷尔德林出生于1770年,他的父亲是修道院总管,母亲是牧师之女。令人唏嘘的是他的父亲在他3岁的时候就去世了,这种身世与尼采是何等相似啊。

荷尔德林曾经阅读过柏拉图、索福克勒斯、莎士比亚等人的作品,研究卢梭、斯宾诺莎、莱布尼茨、康德等人的哲学思想,与谢林、黑格尔为友。1789年,法国爆发了轰轰烈烈的大革命,荷尔德林组织了诗社,诗社的作品主要是歌颂人权。他最喜欢的作家是卢梭这位启蒙主义的先驱。

虽然荷尔德林在大学学习的是神学,但是他后来抛弃了自己的宗教信仰,开始吸收卢梭、歌德、席勒等人的思想。在他的心中有一个伟大的设想,即将希腊的哲学思想和大自然的神秘主义结合起来,将二者完美融合。这是一个伟大的理想,然而在现实生活中,他只是一个清贫落魄的诗人。

1798年,荷尔德林情场失意,身心交瘁,处于精神分裂状态。1802年,他徒步回到了家乡,两年后成为图书管理员。然而在1807年,他的精神错乱了，生活难以自理。1843年，这个伟大的诗人默默离世，不为人知。在后世，荷尔德林被称为古典浪漫派诗歌的先驱，但那是在他去世后将近一个世纪的事情了。在他去世后的100年里，他的名字少有人提及，尼采能与之相遇，不得不说是种奇特的巧合。

尼采和荷尔德林都是天生的浪漫主义者，他们都雄心勃勃地追求人类最根本的信念，并取得了不俗的成果。然而，他们的个人生活似乎都是悲剧，病痛和对思想的追求，使他们的精神都遭受了巨变。

对荷尔德林特殊的感情可以看出尼采当时的心境，而且他也在慢慢适应学校的生活，开始更深入地学习。尼采对学校不再表现出过分的抗拒，他开始参加学校的一些集体活动。

尼采喜欢的集体活动不是简单的学生聚会，而是希望在与同学的交流中获得更多的知识，有些类似于兴趣小组。他和几个同学一起成立了一个艺术团体"日耳曼尼亚"。在这个小团体里，每个人每月最少要写一篇文章，成员之间会互相阅读和评价。他们还利用缴纳的团费，订购了一份音乐杂志。音乐也是尼采的追求之一，通过这份音乐杂志，尼采了解到了更多的音乐知识，并接触到了瓦格纳的音乐作品。尼采对瓦格纳的作品非常着迷，这为他带来了精神上的享受。

在这个社团里，尼采不但获得了想要的知识，更意识到综合知识的重要性。他发现将所学的知识结合起来，能起到意想不到的效果。尼采认为："在研究希腊和拉丁语诗人的时候，也应同时研究德意志的古典作品，并要把它们的思维方式加以比较。同样，学习历史要与学习地理相结合，对教学法的学习也要渗透到物理、音乐中去。"

尼采的兴趣太过广泛了，兴趣广泛并非是坏事，但是这样做的危害就是不能在专门的科目上做到拥有足够的深度。当意识到兴趣广泛的危害后，尼采开始抑制自己的兴趣，将注意力转移到特定的事物上去。尼采明确地说过："为了未来的求学，我给自己提出了一个明确的原则：抑制自己兴趣广泛但却一知半解的倾向，培养自己对某一专业的兴趣并且探讨它最深奥的秘密。"

通过这段时间的学习,尼采掌握了更多的知识,同时他的价值观也悄然发生着变化,其中最引人注目的就是尼采对基督教的态度。

尼采的祖辈都是牧师,他的家庭成员从小就想将尼采培养成神职人员,可以说尼采骨子里就渗透着宗教的基因。无论从什么角度看,尼采都会成为一名虔诚的教徒。在一段时间内也确是如此,尼采对待宗教比很多人更加虔诚。尼采的好友多伊森在回忆与尼采共同参加宗教仪式的时候说:"当受坚信礼的青年一对一对地走向祭坛、跪下受礼时,尼采和我这两个最亲近的朋友并排跪在那里。现在我还清楚地记得,我们在行坚信礼前和行礼期间的几个星期里充满着神圣的与世隔绝的心情,我们本来做好准备,为了同基督在一起而立即离开人世。我们的一切思想、感情、活动在天国的欢乐面前显得黯然失色。"

然而随着学识的丰富,尼采开始对自己的信仰产生了怀疑。尼采不满足别人给予的答案,他试图去寻找自己想要的东西。尼采对典籍中的上帝越来越不解,文字描述中的上帝已经不能满足尼采的需要了,正如他所说的"粗浅的答案已经无法使我满意了"。

为了探求真相,尼采试图从希腊文化中寻求灵感。希腊神话中的那些人物在尼采的心目中留下了深刻的印象,在这些英雄形象中,尼采开始寻求想象的蜕变。当对宗教产生怀疑之后,尼采的思想一度处于混乱之中。他阅读了大量的文学和哲学作品,被莎士比亚等人的著作深深吸引了。在这时的尼采看来,文学比哲学更有吸引力。

1862年1月,尼采写了一篇评论拿破仑三世的文章。在这篇文章里尼采认为拿破仑是个天才,但是在道德上很难评价。在这篇文章里尼采便显现出了价值观的混乱,也可以看出他在努力理顺自己的思绪。

这年4月,尼采在他与朋友们创办的格马尼亚文学社发表了《命运与历史》的演讲。在这篇文章里,尼采提出了对基督教的怀疑。这时的尼采早已不将基督教教义作为世界的准则,而是开始探讨其合理性与不合理性。尼采对宗教已经不是信仰了,而是将之作为一套可以考量的理论体系。宗教一旦不再神秘,一旦运用科学的方法审视,其中的谬误和矛盾便显露无遗了。

尼采知道自己将要做的事，是违反这个世界的规则的，他对此有清醒的认识，在这次演说中尼采开始便将现实揭露无遗。他说："如若我们能用自由的、无拘无束的视角去审视教科书与历史，就一定会发表某些违背主流观念的意见。然而从我们呱呱坠地开始，就被束缚在习惯与偏见的枷锁里。童年时代的耳濡目染，使我们的精神无法得以自然发展，并格式化了我们的秉性。因此，我们若能选择一种比现在更自由的眼光，对信仰和宗教做出不偏不倚、符合时代的评价，一定会被判定为大逆不道。"

这时的他已经将对宗教的思考和评价作为一生的事业去追求了，而且他清醒地认识到了其中将会遭遇的困难。尼采进行了一系列提问，每一个问题都困难重重、看似无解，却都有迹可循。

尼采不想破坏什么，更没有极力去否定什么，他说："我们可以粗暴地否定一切，破坏只是举手之劳，自我毁灭更是易如反掌。相形之下，新的创造难于上青天。"他也找到了解决的方法，尼采说："历史和自然科学不仅是整个以往时代遗留给我们的财富，同时也指引预示着我们未来的宝藏，它们还是我们建造冥想高塔的最牢固基础。在我看来，哲学就是我们凡间最宏伟的高塔——巴比伦！它高耸入云，上达天庭，是一切伟大目标的终极标志。"通过历史和自然科学的学习，运用哲学的思维方式，便能铸就新的高峰。

这样做无疑是非常困难的，因为人不是独自存在的，而是与他人相互联系，构建出了社会形态。人是最里面的圆圈之一，和邻近的圆圈抽象成更广博的圆圈。在他看来，"伟大的历史学家和伟大的哲学家一样都是预言家，因为他们都从内部的圆圈抽象到外部的圆圈"。

作为人的小圆圈构建出了作为社会的大圆圈，而这个大圆圈又将作为人的小圆圈禁锢住了。他说："在无意识地接受外部印象的过程中，放弃了自己的独立性；让习惯势力压抑自己心灵的能力，并违背意志让自己心灵里播下萌发混乱的种子。"在尼采看来，这种违背意志的行为是错误的，他说："给全人类刻板地套上某种特殊的国家形式或社会形式是一种狭隘做法。

一切社会思想都犯这种错误。"

为了避免这个错误,尼采认为应该使人拥有强大的意志。强大的意志可以推翻这个世界,甚至成为神一样的存在。他对自由意志推崇备至,他说:"自由意志似乎是无拘无束、随心所欲的,它是无限自由、任意游荡的东西,是精神。"

自由意志对应的能力就是对命运的反抗,掌握了自由意志,就能掌握自己的人生和整个世界,就能成为神一样的存在。

尼采不会在重大的问题上匆忙下结论,尤其是对上帝的态度上。他在追寻真理的路途上义无反顾,但是仍然有所保留,因为他还不确定自己的所有想法都是正确的。尽管如此,一些大胆的想法仍在不经意间流露了出来,他写道:"我们往往在应当勇于直面我们的命运的当口,服从于上帝的意志或是服从于谦卑的态度,这无非只是为了掩饰当时所感到的懦弱和胆小罢了。"尼采的思想里充满了反抗的意味,这种思想发展下去,就会成为超越上帝的存在。可以说,这句话就是他"超人"思想的起源。

在学校里,尼采还结识了好友多伊森。多伊森也喜欢古希腊文学,这让他和尼采有一些共同的话题。多伊森后来还出版了一本《回忆尼采》,这本书从好友的视角,描述了尼采的一些所作所为。他说此时的尼采待人真诚,从不装模作样。多伊森说,从尼采那里能够得到很多精辟的见解。他还说:"他讨厌做体操,因为他很早就身体发胖,头颅容易充血,一些简单的体操动作对尼采来说都是件艰难的事情。做这样的动作,他会脸色暗红、气喘吁吁、大汗淋漓……"不喜欢体育,似乎也不是什么可以诟病的事情。不过尼采对自己的形象还是很在意的,总是一副衣冠楚楚的样子。

在1864年9月,尼采以优良的成绩从普夫达学校毕业。由于对文学的热爱,他的德文和拉丁文都得到了"优",希腊文获得了"良",他的宗教科目也获得了"优"。

在毕业典礼上,尼采还作为学生代表致辞。他站在高高的讲台上,以高昂的声音说道:"我首先感谢上帝,是他赋予了我一切。除了发自内心的强烈感激以及对其爱的诚信,我还能向他奉献什么呢?是他允许我度过一生中这段美好的时光。愿他，这个慷慨的万物之主，继续监护我。"他对国王也有着感情，他说："由于他的仁慈，我才得以进入这所学校……我希望有一天能为他和我的祖国增光。这是我的决心。"

尼采还对学校和同学表达了眷恋之情，他说："我特别要感谢你们，亲爱的朋友：在即将分别的这一瞬间，我对你们说什么好呢？我知道，当要把一棵植物从滋养它的土壤里挖出来时，它会怎么样：它只能被慢慢地连根取出，小心地移植进新的土壤。难道我还不习惯于你们？难道我会习惯于另一个环境？再见吧！"

在最后，尼采朗诵了一首诗，作为对过往岁月的告别：

就这样吧，
这是世人之路，
让人生对待我，
就像对待其他许多人一样：
他们出生了，
脆弱的轻舟被砸成碎片，
没人能告诉我们那沉没的地方。
再见吧，再见！
汽笛在召唤，
船长催促着，
我不能再迟缓，
向着暗礁、风暴和巨浪，
勇敢去撑船。
再见，再见啦！

第二章 学习的偶像

> 尼采是个天才,学习对于他来说完全不是问题。他上的是最好的学校,而且年纪轻轻就精通了文学、神学、语言学与音乐。一个偶然的机会,尼采在一个旧书摊上淘到了一本叔本华的《作为意志和表象的世界》。年轻的尼采如获至宝,就此开启了自己的哲学生涯。

—— 伟人的摇篮 ——

高中毕业后,尼采进入人生的下一个阶段。此时他将进入更高的学府就读,继续探求真理和梦想。尼采选择的大学是著名的波恩大学,这所学校可以称之为伟人的摇篮。名校之所以称之为名校,不仅仅是因为其拥有悠久历史和显赫声名,最重要的是不断有毕业于此的杰出人士为学校增加光环。

在波恩大学著名校友簿上有着一长串的名字,其中有法学家、作家海涅,法学家、历史学家、哲学家和社会学家马克思,音乐家贝多芬,联邦德国第一任总理阿登纳,德国皇帝威廉二世等。当然后世在介绍这所学校的时候,一定会联系上尼采的名字。从进入波恩大学的那一刻起,波恩大学便沾染上了尼采的光环,显得更加耀眼。

1864年10月,尼采和好友多伊森以及其他几个同学进入了波恩大学。波恩大学位于德国北莱茵—威斯特法伦州波恩市,主楼坐落在风景秀丽的莱茵河畔。这所学校的建立和欧洲启蒙运动息息相关。1777年,人们在波恩建立了一所高等学校,起名为波恩科隆选帝侯国学院,当时设立了神学、法律、医学、世界学4个院系,以促进蓬勃的启蒙运动继续发展。后来皇帝约瑟夫二世对其学业证明在整个神圣罗马帝国给予认可,因此它由学院提升成为大学,这就是波恩大学的前身。不久,拿破仑一世进攻德国,莱茵地区被占,波恩失守。由于法国人带来了全新的资产阶级民主思想,因而使这所学校成为封建保守思想和自由的意识形态论争的大讲坛。拿破仑失败后，波恩重归普鲁士统治。在当时著名进步思想家洪堡创议、普王弗里德里希·威廉三世的帮助下，学校于1818年10月成为普鲁士的正规大学，政府接管了学校。1828年，学校将捐助者的名字作为学校校名，即莱茵波恩弗里德里希·威廉大学，简称波恩大学。这所培养伟人的大学，正式走向正轨。

波恩大学的奇特之处还在于，这所学校不像某些学校那样有厚厚的围墙，而是和波恩市结合在了一起。波恩大学的建筑物并没有集合在一起，而是分布于波恩全城，甚至可以说这座城市就是波恩大学，也可以说波恩大学就是波恩市。

在进入波恩大学后，尼采选择了两个科目，分别是语言学和神学。之所以选择这两个学科，各有其原因。在很早之前，尼采便对文学非常感兴趣，尤其是在希腊古典文学领域有深厚的功底，因此按照自己的爱好选择了语言学。更何况波恩大学在古典文学方面的底蕴非常深厚，在世界上享有盛誉，拥有一大批优秀的学者，能为尼采提供丰富的教学资源。

至于选择神学的原因则更为复杂。在上中学的时候，尼采几乎和神学决裂了。他对宗教不再有信仰了，对宗教中的一些概念持怀疑态度，认为将神学当作严肃的学科对待是浪费时间。但是，尼采的家人希望尼采成为一名神职人员，因此坚持让尼采学习神学专业，况且尼采心中也有将神学批判一番的念头。

在新的环境中，尼采想要得到的比一般学生要多得多，他不只是希望得到知识，更希望能让自己的心绪平静下来。他说："我渴望得到一种抑制至今变化多端的、不稳定的意向的工具，渴望一种科学，人们可以用冷静的深思熟虑、无情的逻辑和同样形式的工作使它得到发展，但它并不以其成果使人立即动心。当时我相信在语言学中可以找到这一切，而一个普夫达学校的学生已经完全具备了研究语言学的先决条件。"

这时，尼采的思想已经超越了很多同龄人，他带着更高的追求来到这所学校，能够进入这所学校，尼采显得很为兴奋。他说："我到达了波恩，对展现在眼前的异常丰富多彩的前景怀着一种骄傲的感觉。"

大学生活和高中时截然不同,在大学里拥有更多的自由,校园生活也更加多姿多彩。在刚进入学校的时候,尼采似乎很享受各种课外活动。此时的他希望得到别人的认可,更希望自己的见解能为人所知。

在社团里,尼采先后做了3场学术报告,分别是关于德国政治诗人、北美德国人宗教活动状况和古希腊诗人泰奥格尼斯的。这3场报告让尼采收到了不少赞誉,更获得了一些女同学的青睐。尼采的学术报告非常精彩,有很多独到的见解,让人拍案叫绝。

除了学术研究外,尼采在学校里也做了一些不太理智的事情,让人颇感意外。有一次,尼采邀请一位高大的同学与之决斗,没有任何理由,只是希望展现出自己的男子气概,让自己显得更加与众不同。在决斗的时候,尼采严格遵守贵族的绝对准则,有礼貌地邀请对方。决斗的结果可想而知,瘦弱多病的他不是这位同学的对手,很快尼采就被打败了,他的鼻梁被打断了,这场决斗便结束了。为了看病,尼采请了3天假去看医生。这段时间里,尼采没有去上课,直到伤口痊愈。这次决斗失败得非常彻底,尼采却毫不后悔。

始终有一个关于尼采的争论,就是尼采在波恩大学求学的这段时间里,生活有没有放浪形骸。多伊森在《回忆尼采》中讲了个故事:在1865年2月的一天,尼采去科隆游玩,被人引到了一家妓院。妓女们对尼采百般挑逗,尼采一时不知如何是好。这时他突然看到一架钢琴,几乎是在本能的驱使下,跑过去,弹奏了一段音乐,便趁机逃走了。

多伊森描述的版本似乎还很正常,但是在彼得斯撰写的《尼采兄妹》中,则是完全不同的论调。他说,尼采在大学的时候,常常去妓院并因此染上了性病。他说:"就几项特征来看,他发现他已染上了性病。为此,他曾向莱比锡的一位医生咨询过,后者诊断他患上了梅毒。"彼得斯认为这次患性病的经历让尼采非常痛苦,甚至成为人生的阴影,尼采晚年的疾病也与之有关。尼采是否去过妓院嫖娼,又是否患有性病,这个问题即便是在尼采死后也争论颇多。有可能其患性病是一些人推测出来的,也有可能一些人为了维护其形象,而否认了事实。

为了在社交上获得更多的认同,以及追求更多的快乐,尼采加入了一个学生团体"法兰克尼亚"。这个团体纯粹是为了进行一些"有趣"的社交活动而成立的。它的活动主要是各种庆典集会、击剑、决斗、舞会,以及和异性交际。尼采在给友人的信中,解释了他加入这个协会的原因,他说:"当然对于这一步骤我是经过深思熟虑的,考虑到我的天性,我认为这一步骤几乎是必要的。我们大多数都是语言学者,同时也是音乐爱好者。一般来说,在'法兰克尼亚'里笼罩着一种非常有趣的气氛,我们也十分喜欢那些老人。"

虽然他这样说,但是这个社团还是渐渐让他厌烦了。尼采希望追求更高层次的东西,然而在这种社团中,尼采得不到想要的知识和灵魂上的满足,每当和社团其他成员玩乐过后,他就会陷入空虚之中。尼采一度希望与社团中高年级的学生讨论一些学术问题,但结果令他很失望,学长没有兴趣和他聊这些,即便有少数人有兴趣与之探讨,尼采发现他们的水平也很差。尼采试图去寻找能与之平等交流的人,然而他失败了,只好重回孤独。

值得庆幸的是,尼采的迷茫期并没有持续多长时间,他在学校里遇到了里奇尔教授。里奇尔教授相貌平平,却是德国最著名的语言学专家之一,正是在里奇尔教授的帮助下,尼采走出了低谷,走到了正确的道路上。里奇尔教授有很深的学术造诣,而尼采则有天才般的头脑和强烈的求知欲,两人都被对方吸引了。

里奇尔得知尼采的兴趣广泛后,要求尼采不要让无关紧要的事浪费过多的精力,而是应该在某一专门学科上用心学习,然后在此基础上扩展自己的知识。这项建议尼采非常受用,从此他将精力放到了研究语言学上,进步非常快。

尼采决定在语言学上下功夫之后,对神学更没什么兴趣了。尼采对《圣经》中描述的耶稣已经没有了信仰,他认同耶稣是历史上的传说人物,后世将之神化了而已。神学课上老师讲解的仍然是陈词滥调,没有任何新意,尼采自信能够将之驳倒。在给妹妹的信中,尼采阐述了对真理和信仰的看法，他说："任何真实的信仰同时也就是真实可靠的，它会引导出相应的信仰之人希望从中找到的东西，但是它并不提供一个论证客观真理的起码支点。在这里，形成了认识的分水岭：如果你要追求灵魂的安宁与幸福，那么你就去信仰；如果你要想当一个真理的信徒，那你就去探索吧！"

在尼采看来，宗教和真理已经是不同的事物了，他已经对信仰产生了严重的怀疑。

通过一个学期的学习，尼采的收获非常大。在经历了一些挫折和迷茫之后，尼采的学习和生活最终找到了方向，在人生的关键节点上，做出了正确的选择。

在给家人的信中，尼采总结了自己这一个学期的生活，尤其是在人际关系上。尼采写道："在这里的大学生群体里我被看作是音乐权威，此外还被看作是奇特的怪人……我绝不是不受欢迎的人，尽管我有点喜欢嘲弄别人，并且被认为是讽刺。也许你们对这种根据别人的评判所做的自我的特性描写是不感兴趣的。作为本人的评判，我可以补充一下，第一点我不同意；我常常不高兴，有过多的脾气，是个有点讨厌的人，不仅对自己，也对别人。"

在大学里，尼采试图融入集体，来改变自己的孤僻性情，但是事与愿违，他很难和同学们有共同的话题。他们喜欢的娱乐项目尼采并不能感到快乐，而尼采喜欢的东西也不是所有人都能接受的。

这时，尼采心中有了一个新的念头，不应该继续在波恩大学待下去了。尼采越来越不能忍受波恩大学的做派，尤其是在这里，尼采找不到值得学习的东西了，离开对他来说再好不过。

尼采的所思所想已经不是同学们所能理解的了。他想追求知识和自我提高，又想追求世俗的快乐以及同学们的接纳，这是不可能的，甚至可以说这两者是矛盾的，只能有其一。想和同学们愉快地玩耍就必须有相近的价值观，而这正是尼采所不能接受的。尼采试图去接近同学们所享受的东西，但是他失败了。这种失败是必然的，想追求更高层次的知识必然要忍受更多的孤独。他所喜欢的东西别人很难喜欢，他觉得痛苦的事情，别人可能觉得稀松平常，这样一来，在别人眼里，他必然成为一个怪人。

此时，里奇尔教授也要离开波恩大学了，他受聘于莱比锡大学。这样一来，尼采对波恩大学更没有什么可留恋的了。在第三学期的时候，里奇尔教授将在莱比锡大学任教，尼采也决定在那个时候离开。

1865年10月，尼采离开了波恩，他将走向新的环境。尼采在一封信中描述离开时的情景，他写道：

我像亡命徒一样离开了波恩。子夜时分，我和我的朋友M君一起站在莱茵河的码头上，等候从科伦开出的轮船。在即将离开如此繁华的乡村、如此美丽的城市和一大批青年伙伴的时刻，我没有感到丝毫的痛苦。事实上正相反，我是从那里逃出来的，我不想再像以前那样对他们做出不适当的评判。可是身处其中，我的天性丝毫不会感到满足。我仍然对自己太缺乏自信，并且无力在这么多正在对我发生影响的人们中间始终扮演好自己的角色。一切都干涉我，因为我无法有效地主宰周围的一切……我觉得自己对于科学无所作为，对于生活无所事事，只是在以各种谬误充塞自己，想到这些我就感到心情沉重。轮船驶来，载我离去。在潮湿的夜色中，我一直站在驾驶台上，注视着那些勾勒出波恩河岸的小灯渐渐消失，一切都给我一种逃亡的感觉。

尼采将自己比喻成一个亡命之徒，他希望逃离过去的一切，在新的环境中找到新的自己。在过去的一年中，尼采不断地在体验各种生活，试图找到自己的归属。他参加各种社交活动，甚至还可能流连于妓院，这些事并不能让他更快乐。一次次的失败，让尼采认清了前行的道路，这条路或许充满荆棘，充满孤独和痛苦，但是却能让他得到心灵的满足。

莱比锡大学

1865年10月18日，莱比锡大学迎来了尼采。有的人因去了一所优秀的学校而自豪，有的人则因为在这所学校里学习，而让学校更加光彩。尼采无疑是后一种。尼采到来的时候，正赶上这所学校校庆，学校里在举行隆重的活动。在此之前，尼采已经对这所学校有了充分的了解。

莱比锡大学的历史同样非常悠久，创立于1409年，是欧洲最古老的大学之一。学校的一些建筑已经经历了数百年的沧桑，茂密的常青藤密密地爬在建筑物上，充满了古色古香。在高大的树木下面，草坪在工人的修剪下显得整洁而美观，不时能看到坐在草坪上读书的学生。

这所学校不但拥有悠久的历史，更是当时欧洲的文化中心之一，不但社会名流常常流连于此，还拥有不少德高望重的教授，培养出了一大批优秀的人才，其中包括莱布尼茨、歌德、兰克等。尼采不可能知道的是，在19、20世纪的时候，辜鸿铭、蔡元培、林语堂、周培源等中国留学生也在这所学校就读，学成归国后都做出了一番杰出的事业。

尼采对这所学校非常满意，这种环境正是他所向往的。在这所学校里，他定下了自己的目标，即成为一名优秀的学者，并且成为一名教授。

在波恩大学的不断尝试让尼采找到了正确的方向。他希望在里奇尔等教授的教导下，系统地进行学习和研究，以便提高自己的学术水平，为成为一名优秀的教师做好准备。

尼采对教师这个职业有自己的看法，他说："首先要能够在青年人中激发起必不可少的深刻思维并培养他们自己的评判能力,这样在他们心中就能不断地提出为什么要学习研究,什么是他们的研究对象,怎样去研究。"尼采希望将来他的学生能不断地提出问题,此时的尼采也在用这些问题不断地询问自己。

他选择了语言学作为自己的研究方向,语言学无论是在当时还是在现在,都可以说得上是一门"高冷"的学科。语言学的研究和世俗的利益相关不大,想要依靠研究语言学挣钱几乎是不可能的,因此有人说语言学是富人的游戏,充满了贵族气息。尼采对古希腊文化非常感兴趣,想要研究古希腊文化,语言学的功底是必备的。

甚至可以说,尼采选择专业的过程,就是其自我认知的过程。此时尼采自然认识到了选择科目的重要性,一旦选择了哪一科目,在未来的数年内,就要在这个方向上为之努力了。尼采接受了里奇尔教授的意见,对其他爱好进行抑制,以便更加专心地研究某一方向。

莱比锡大学拥有一大批优秀教授,这些教授在自己的领域内都有所建树。尼采像一块干燥的海绵,大量吸收这些教授的知识。他学习了著名语言学家柯蒂乌斯的语言学教程,在罗切尔教授的帮助下学习了政治经济学,在东方学家蒂奇多夫的指导下研究了佛教使用的语言。

对于古希腊诗人泰奥格尼斯,尼采的兴趣仍然没有减退,他此时的研究已经更加深入了,并且将自己的研究成果撰写成了《泰奥格尼斯哀歌集史实考证》,发表在德国《莱茵博物馆》杂志上。《莱茵博物馆》杂志可以说是德国最有影响力的杂志之一,能够在上面刊登文章,无疑是对尼采的肯定。随着在这份杂志上发表的文章越来越多,尼采渐渐声名鹊起,成为最年轻的语言学家。

尼采进步飞速,多亏了里奇尔教授的指导,他们的关系也随着时间的推移更加亲密了。在里奇尔的学生中,尼采是最让他满意的一位。他认为这个年轻人的思想非常深刻,在撰写文章的时候,更是构思严谨。例如他对尼采所写的《泰奥格尼斯诗篇的最后版本》一文便大加赞赏,他说:"这篇文章方法卓越,风格严谨精确,论证丝丝入扣,给我以深刻的印象。以前我从未发现未毕业的学生中能有如此之高的学术水准。"

尼采更是对里奇尔教授的学识和品德倾慕不已,正因如此才跟随里奇尔教授从波恩大学来到了莱比锡大学。尼采还加入了里奇尔组织的一个语言协会,这个协会拥有17名成员,都是饱学之士。能够参与其中,说明尼采的学识得到了肯定。

里奇尔为尼采接下来的学习和研究指明了方向,他建议尼采多关注泰奥格尼斯、第欧根尼和德谟克利特这三位哲学家。尼采用了一个夏季的时间,和这三位先哲交流。

泰奥格尼斯上面已经提及,他是古希腊的一位诗人,但是由于年代久远,后世对其是否真实存在都有所争论,而且他现存的诗并不多,名下的作品有一部分是其爱人基尔努斯所作,还有一些古希腊诗歌也被归入其名下。因此,对泰奥格尼斯的研究,对研究者的功底要求非常高。

第欧根尼活跃于公元前4世纪,是一名古希腊哲学家。他认为除了自然的需要必须满足外,其他的任何东西,包括社会生活和文化生活,都是不自然的、无足轻重的,因此他是一个禁欲主义者,认为舒适的环境无关紧要。

古希腊哲学家德谟克利特主张唯物主义,是原子唯物论学说的创始人之一。这个人勤奋好学、知识渊博,在多个领域都有所建树。

这三位诗人或者说哲学家对尼采的思想形成起到了积极的作用,最重要的是激发了尼采对哲学的兴趣。尼采深陷这三位哲人的思想之中,他们用思想构建出了自己的世界,尼采试图去理解他们,并将之融入自己的思想。在这个过程中,尼采获得了巨大的满足,同时也找到了自己奋斗的方向。

通过对这三个人的研究,尼采对哲学的兴趣开始超越对语言学的兴趣,开始在思想领域披荆斩棘。

尼采确实也不负众望,他的研究成果获得了肯定,并接连在具有影响力的杂志上发表。这不仅为尼采带来了好的名声,更为其带来了实际利益。尼采的研究课题获得了学校的奖学金,没有了缺乏资金的困扰,他可以更加深入地投入研究之中。

这段时间的工作为尼采带来了成功的感觉，他感到志得意满。在谈及当时的感受时，他说："在这个场面之后，我的自负同我一同飞上了天……我的幸福挂在嘴边……在一个短时期内我好像昏头昏脑地跑来跑去。这是我成为语言学者的时期，我感到赞扬的刺激作用。对我来说，在这种事业的发展中是应该争取这种赞扬的。"

在学术上获得成功的同时，尼采也获得了珍贵的友谊。这段时间可以说是尼采最快乐的时候，在之后他便很少再享受到这种美妙的感觉了，而是陷入了孤独的沉思中，甚至将自己的思想逼到了一个相当高的层次，以至发疯了。

里奇尔教授组织的语言协会中有一名叫罗德的成员，他是尼采在波恩时的同学，两人在来到莱比锡大学后，逐渐建立了深厚的友谊。罗德也不是泛泛之辈，他在语言学领域造诣非凡，不然也不可能加入里奇尔教授组织的语言协会。他喜欢辩论，常常和尼采争论彼此的研究成果。

尼采非常享受和罗德的辩论，他一直希望有一个能与之交流思想的人，罗德就是最好的人选。两人在争论的时候，两个天才的思绪碰撞，往往能迸发出灿烂的火花。两人的相互影响是非常深远的，无论是在生活上还是在思想的构建上，他们都对古希腊的哲学非常痴迷，两人拥有的观点也大致相同，因此在学术上两人的交往相得益彰。

不过在性格方面两人却不相同，这或许是他们后来走向不同道路的原因。罗德是个怀疑论者，很少有自己的主见，对待事物总是一副怀疑的态度，遇到事情颇有听天由命的意思，也可以理解成他是个随遇而安的人。尼采却是一个有"超人"情怀的人，他以一种一往无前的精神，努力超越现实和自我。他说："在这个世上的任何事情中，绝不向妥协迈出一步！只有忠实于自己，才能获得巨大成功……如果我变得软弱、怀疑了，那么我不仅会伤害自己，而且会伤害许多同我一起成长起来的人。"

两个人常常一起穿着骑士服，骑着高头大马，走在上学的路上。两人都是青年才俊，英姿飒爽，充满自信和活力，见到的人无不交口称赞。在很多人眼里，他们就是未来的主宰者。出身名校、学识渊博，这样的人自然是人们瞩目的焦点。

尼采也非常珍惜两人的友谊，他说："我们完全没有意图，但由一种本能引导，一天中的绝大部分时间我们都是在一起度过的……通常把人们聚合在一起的，是相同的学习道路，但是我们两人在科学领域相距颇远，只有在对刻板的公式和虚荣心的讽刺和嘲笑上我们是一致的。平常我们是有争论的，而且在很多事情上我们之间也是不一致的，但是只要交谈深入下去，意见的分歧就消失了，一种平静的、完全的协调产生了。"

在两人的交往中，尼采是当之无愧的核心，罗德在一定程度上是追随者的角色，但是罗德并不在意这些，甚至可以为尼采两肋插刀。

偶遇叔本华

在尼采的思想历程中，有一个人对他的影响非常大。他没有见过这个人，却是其思想的继承者。两人的交际不在现实中，而是在思想中。这个与尼采在思想上交流的人就是大名鼎鼎的哲学家叔本华。

在尼采遇到叔本华的时候，叔本华已经去世5年了，他撰写的哲学著作《作为意志和表象的世界》静静地躺在小书店里，封面上已经积了一层尘土。虽然叔本华的著作在1853年的时候已开始被人重视，在其1860年去世后逐渐为人所知，但是叔本华这个名字还没有被尼采遇到。

当时尼采没有住在学校里，而是在路易莎大街租赁了一间学生宿舍，这里相对安静一些，更加适合学习和研究。在这间宿舍里，尼采在知识的海洋里不停地遨游，努力寻找迷失在海洋中的小岛。他大部分时间都会待在这间房子里，当然上课是必需的，语言协会有活动时他也会走出房子。

他的房东开了一间小小的书店，这间书店成了尼采主要的休闲场所。当研究陷入低谷或者学习累了的时候，尼采就会来到这间小书店，随手翻阅书架上的书籍。

1865年10月的一天，尼采来到了这间小书店。书店里有些书无人问津，已经落了一层灰尘。尼采缓步走在书架间，随手翻阅，遇到喜欢的书就会多看几眼。他随手拿起角落里的一本书，这本书已经积了一些灰尘，尼采拂去上面的尘土，又看了一眼书的封面，这本书的名字是《作为意志和表象的世界》，作者名字叫叔本华，出版日期是1859年，在书中作者写了3

篇序言，第一篇序言是在1818年所作，这个版本已经是跨越40年之后的了。

在看完3篇序言的时候，尼采已经被这本书吸引了，迫不及待地翻动了书页。在很多人看来这只是一叠厚重的纸，但是在尼采看来这是一个全新的世界。在这个新世界里，有尼采苦苦追寻的岛屿。

此前为了节省开支，他从不买书，这次尼采破例掏钱，急忙买下了这本书，生怕别人会把它抢走。他没有心思再闲逛了，立即回到了宿舍。

在回忆当时的情景时，尼采说："回到家我便靠在沙发上读起了刚刚得到的那本珍贵的书。我开始让那本有力但沉闷的天才之作占据我的心，书里的每一行都发出了超脱、否定与超然的呼声，我看见了一面极为深刻地反映了整个世界、生活和我内心的镜子，在这面镜子里我发现了整个世界、生活和我的心灵都被描画得令人害怕地森严。"

《作为意志和表象的世界》是叔本华对世界本质的思索，通过一个个文字，展现出了一幅幅恢宏的画面。在看到这本书时尼采便为之倾倒，他在描述当时的感觉时说："我是叔本华的这样的一种读者，在读到了他的一页著作之后，就确定无疑地知道会把这本书从头到尾读完，并且会着迷似的听取他所说的每一个字。我立刻对他建立起充分而完全的信赖。"

在阅读叔本华的书之前，尼采甚至没有接触过哲学著作。他虽然对神学和古希腊文学感兴趣，但是在哲学上还是一点都不懂。不过神学也是对世界的一种解释，和哲学有着千丝万缕的联系，古希腊文学中也不乏一些蕴含哲理的思考，因此，虽然尼采没有接触过哲学，但是他已经在很长时间内思考哲学问题了。

通过叔本华的这本哲学著作，尼采跨入了一个他梦寐以求的世界。在这个世界里，尼采找到了他一直在寻找的世界的真相。从此，尼采再也离不开哲学了，对哲学的思考成了他的事业，同时也成为他的娱乐活动之一。他还有两项娱乐活动——舒曼的音乐和孤独的散步。在欣赏舒曼的音乐的时候，尼采能够感受到这个世界最纯真的美好。在音乐中，他能体会到美的极致。在散步的时候，尼采好像与这个世界脱离了，在以另外的一种视角观察和思考。往往在散步中，灵感会涌上他的心头，带给他苦苦寻求的思想闪光。

叔本华的哲学改变了尼采的思维方式,让这个聪慧而又迷茫的孩子找到了心灵的寄托。在一段时间里,尼采的心中已经没有上帝了,显得空荡荡的,如今他找到了哲学,哲学将成为尼采的信仰,更将成为他的上帝。

尼采说:"我在哲学上的严肃性已经深深地扎下了根,生活和思想的真实的基本问题,已经由伟大的秘教解释者叔本华极其清楚地给我指明了。"

叔本华被尼采称为"伟大的秘教解释者",虽然如今几乎每个人都知道他的名字,更有很多人知道他的悲观论和其著作《作为意志和表象的世界》,但是在尼采遇到叔本华的时候,这个名字并没有多少神奇的魔力。

叔本华出生于1788年,他的父亲是德国但泽地区的一个银行家,母亲是一位作家。出生于富裕人家的叔本华本应有个快乐的童年,但是他的父亲在他很小的时候就去世了,他和母亲的关系也不好,可以说叔本华从小就缺少父爱和母爱,这使得他性格孤僻,从小就习惯沉浸在自己的世界里。

特殊的成长经历,孕育出了叔本华的悲观理论。他常常说:"相信恐惧比信任更安全。"他生性乖僻,甚至有时候会有受迫害妄想的倾向,但是在悲观中,叔本华认识到了自由意志的重要性。

叔本华曾经做过会计的工作,但是他觉得无聊,便去读了大学。在上学期间,他对哲学、自然科学和梵文经典产生了兴趣。在1820年到1831年这10多年的时间里,叔本华在柏林大学担任讲师,不过他属于编外人员,也没有工资可拿。

在叔本华担任讲师的这段时间里,黑格尔成为炙手可热的人物。黑格尔被誉为德国古典哲学的集大成者,可以说是德国古典哲学运动的巅峰人物。黑格尔最突出的成就体现在他的著作《逻辑学》之中。然而,叔本华对黑格尔的哲学持反对态度。为了反击黑格尔,他要求和黑格尔在同一时间讲课,结果是在这次对抗中败下阵来。

叔本华的生活非常有规律,每天早上7点多起床,冷水沐浴之后,倒上一杯咖啡,便开始写作到中午。写作结束后,他会吹半个小时的长笛,以便使自己放松。随后他穿上整洁的燕尾服,到一家餐厅里用餐。中午吃完饭后，回到书房读书到下午 4 点，然后就是两个小时的散步。和他一起散步的伙伴是一只名叫"宇宙精神"的小狗。在晚上 6 点的时候，他会阅读《泰晤士报》，随后便会到剧院欣赏音乐或者观看戏剧。结束后，便到餐厅去吃宵夜，结束一天的生活。这种有规律的生活无疑是受康德的影响。

叔本华的哲学体系在很早的时候就建立了。在 1818 年的时候，年仅 30 岁的叔本华自费出版了他的哲学著作《作为意志和表象的世界》。这本书的论调和黑格尔的哲学体系截然相反，他认为自己使用的全新的哲学方法会震动整个欧洲思想界。叔本华在这本书第一版的序言中最后说："人生是短促的，而真理的影响是深远的，就让我们谈谈真理吧。"他的理想很伟大，但是当时没有人认为一个 30 岁的年轻人能有什么惊人之作。他的思想并没有得到认可，在这本书出版一年半之后，只卖出了 100 多本，剩下的书只能作为废纸卖了。他只好借用别人的话来安慰自己说："当一头蠢驴去照镜子时，你不可能在镜子里看见天使。"

这本厚重的书几乎承载了叔本华的全部思想，他之后的工作只是对自己思想的补充和完善。叔本华说："我活着就是为了撰写这部著作，也就是说，我活在世界上，所企求和所能奉献的 99% 都已完成，其余的只是些次要的东西，我的生命和命运也是如此。"1844 年，《作为意志和表象的世界》发表了第二版。这时候市面上已经见不到第一版了，然而这个版本的命运和第一版一样，还是鲜有人问津。

1851 年，叔本华发表了一本《附录与补遗》，这本书用格言写成，是《作为意志和表象的世界》的补充和说明。正是这本书让叔本华名声大噪，人们开始关注这个老人。1859 年，《作为意志和表象的世界》出了第三版并引起轰动，叔本华称"全欧洲都知道这本书"，在第三版序言中他写道："当这本书第一版问世时，我才 30 岁，看到第三版时却不能早于 72 岁。我总算在彼特拉克的名句中找到了安慰：谁要是走了一整天，傍晚走到了，那也该满足了。"

在这本书里，叔本华论述了认识论、本体论、美学和伦理学 4 个方面的问题。叔本华构建了一个以非理性主义的唯意志论为核心、悲观主义人生观为外壳的哲学体系。叔本华认为"世界是我的表象",也就是说世界是无的。他认为,如果不能满足的欲求是某种痛苦,那么世界就无法摆脱其痛苦的本质,人们只是永远试图使自己的欲求满足,但这种满足却更加证明和显现了意志本身。虽然其理论是悲观的,但是他又号召人们以一种乐观的心态生活。

叔本华的思想深深地折服了尼采,他被这种高冷的论调所吸引,并称叔本华为老师和"再生父亲"。叔本华对尼采的影响是深远的,这体现在尼采的整个思想体系中。例如尼采的第一本书名为《悲剧的诞生》,毫无疑问是受叔本华悲观思想的影响。

在阅读叔本华之前,尼采试图用古典文学和美学来解释这个世界的真谛。叔本华让尼采意识到这条路是走不通的,他指导尼采开始用哲学的方法对自我和这个世界进行重新思考。叔本华的哲学出发点是人类自我的本质是自由意志,通过对个人意志的思考,从而推导出整个世界。阅读叔本华的作品时,就像有人站在你面前,向你将人生的真谛和世界的本质娓娓道来。

尼采在阅读叔本华的《作为意志和表象的世界》时,简直如痴如醉。他每天早上6点就起床开始阅读,除了必要的吃饭和上厕所时间外,不会停下。到了晚上两点的时候,尼采才会带着倦意和对叔本华的思考睡去。就这样一连两周的时间,尼采都在体验叔本华的哲学思想。尼采感慨道:"从每一行文字里,我听到了谴责、自我否定与断念的呐喊;在书中,我仿佛看到了一面镜子,这个世界、生命本身,还有我自己的灵魂都映在其中,真实得可怕。"

柔肠铁骨

在读书的这段时间里,尼采并非只是沉溺于学习和常人难以理解的哲学中,他也和常人一样,有对爱情的向往,也有成为英雄的渴望。尼采是一个天才,但是并不是脱离人类欲望的天才,他的血管里流淌的液体和我们是一样的。

尼采喜欢去观看舞台剧,这在娱乐匮乏的年代,算是很正常的娱乐活动了。在1866年的夏天,尼采在莱比锡观看演出的时候,不但被舞台剧的故事所吸引,还被一个美丽的女演员吸引了。在尼采的心中开始酝酿一种叫爱情的东西,他怀着爱慕之情给他的女神献上了一束鲜花。

这是一个美丽的开始,舞台上光鲜亮丽的女演员、舞台下才华横溢的青年学者,似乎是珠联璧合的。生性孤僻的尼采不知道怎么表达自己的爱慕之情,这时候他的心中响起了一段段旋律,脑海中迸出美妙的词句,他把对女神的爱慕写进了诗歌里,并为之谱曲。

尼采没有将自己为爱人写的诗歌送到她手里,而只是站在人群里,看着她和别人说说笑笑地走过。作为一个理想主义者,尼采在爱情面前表现出了特有的腼腆。他对待爱情类似于柏拉图的精神恋爱,是为了追求美好而恋爱的,他的妹妹甚至称他为"空想的恋爱",他更愿意像对待一个好朋友那样去对待自己喜欢的女性。尼采的这次恋爱并没有开花结果,甚至还没开始便结束了。

这件事对尼采的一生来说,只是个小插曲。从中也可看出尼采的一些价值取向，他向往的是光明磊落的英雄，对儿女情长却没有花费太多的心思。他小时候就对那些英雄人物的事迹感兴趣，希望自己也能驰骋战场，建立功勋。他非常崇拜法国英雄人物拿破仑，甚至将其作为自己的偶像。在研究古希腊文学的时候，那些史诗中的人物更让尼采心醉不已，那些传说中的英雄，往往凭借一己之力，成就了一番事业，尤其是在战争中，他们迸发出了超人般的力量。

在尼采的心中一直有一个英雄梦，希望自己像传说中的人物那样，在战场上留下光辉灿烂的事迹。本来他是没有机会实现自己的梦想的，但是在1866年的时候，尼采看到了一丝实现梦想的曙光。因为在这一年，普鲁士和奥地利之间爆发战争，尼采认为自己实现英雄梦的机会来了。

1815年拿破仑战争结束之后，在维也纳会议上，德意志地区组成了一个松散的德意志联邦。当时这个松散的德意志联邦由普鲁士王国、奥地利王国等组成，其中普鲁士是最强大的邦国。在德意志的土地上，每个邦国都有统一德意志的梦想。距离这个梦想最近的就是普鲁士，因为有一个人成了普鲁士的首相，这个人就是被人称为"铁血首相"的俾斯麦。

俾斯麦的成就丝毫不逊色于神话传说中的那些英雄和神灵，他在掌权之后，便推行了一系列的改革措施，目的很明确，使国家不断地变强，真正统一德意志。在1864年的时候，俾斯麦联合奥地利向丹麦开战，取得荷尔斯泰因公国。1866年，俾斯麦接受成立欧洲议会，随后和俄国、法国、意大利等国搞好关系，以便建立一个稳固的大后方。在取得国际社会的支持后，他开始向最终的目标前进，带领国家向奥地利开战，向统一迈进。

俾斯麦的出现让尼采看到了一个现实中的英雄，一个可以称为"超人"的人，同时给尼采一个实现自己梦想的机会。在读书的时候，尼采非常关心国家的局势，俾斯麦的改革和他的统一策略，尼采大多是支持的。

然而，当普鲁士的军队向奥地利进攻的时候，尼采又开始矛盾起来。一方面他希望看到一个统一的德国，但是他又不想看到平民的伤亡。在尼采想来，能有一个和平的统一方式最好不过了。他在给好友平德尔的回信中写道："高尚的目标是绝不能通过邪恶的手段来实现的。"然而尼采在给另一个同学的信中,又有另一番论调,他说:"自从叔本华摘去了我们眼睛上的乐观主义的眼罩之后,我们对事情看得更清楚了。生活比以前更有趣了,但也更丑恶了。"

战争是人类最极端的情境之一。在战争中,生命只是冰冷的筹码,无论胜利还是失败,作为筹码的生命,都将被消耗掉。然而通过战争,却又能获得通常手段下不能获得的很多东西。普鲁士的军队一路向前,大肆吞并土地。在取得了大片土地之后,普鲁士成立了北德意志联邦,以便巩固其统治地位。可以说,取得这样的成绩,很大程度上是"铁血首相"俾斯麦的功劳。他用钢铁般的意志和鲜血,一步步踏上了成为英雄的路。

这时,尼采对俾斯麦以及对战争的态度,又有了新的变化。他开始认同俾斯麦通过战争所取得的成就,并愿意亲自参与到这个伟大的进程中。

1867年9月,尼采被正式批准进入军队,成为一名士兵。本来尼采高度近视,但是此时战事吃紧,加之他是莱比锡大学的高才生,这使得他顺利入伍。这年10月,尼采开始了自己为期一年的军人生涯。由于他的特殊身份,军队给了他特殊优待,他没有住在军营里,而是住在民宿中,生活条件比军营好多了。军队正好驻扎在他的家乡瑙姆堡,这无疑使他的生活便利很多。

纵然如此,军队的生活也和他想象的大相径庭。他似乎没有机会完成英雄壮举,几乎每天都是机械、刻板的军事训练。训练从早上7点开始,到晚上6点才结束,每天11个小时的高强度训练,让本来就身体孱弱的尼采不能消受。

身体上的疲劳还是其次,最让尼采感到不能忍受的是心灵上的孤寂。在学校的时候,有老师的教导,也有同学和好友互相讨论,但是在军营里却没有人和他讨论那些高深的哲学问题。当兵的人中,有文化的人非常少,奢求他们能理解叔本华的哲学,无异于痴人说梦。他在给好友罗德的信中表达了自己的苦闷之情,他说:"在瑙姆堡我太孤寂了,熟人中没有一个人是语言学者或是叔本华的热心崇拜者。"

即便是在紧张而疲劳的训练中,尼采仍然没有停止对哲学的思考。每当训练结束之后，稍事休息，尼采便又开始了哲学研究。这段时间除了叔本华外，尼采把主要精力用于研究德谟克利特。德谟克利特在哲学界是个异类，无论是当时的学术界还是传统的思想界，都批判他的思想。或许正因如此，尼采对他的思想非常感兴趣，尼采认为他是一位"想把人类从上帝的建议和恐惧中解救出来的革命者"。尼采从德谟克利特的身上学到了一种批判精神，用审视和怀疑的眼光看所有的问题。

尼采并不是一个绝对的怀疑论者，怀疑只是他的研究方法之一。尼采试图使用怀疑的方法，探究最终的真理。他在一篇文章中写道："我们用怀疑主义为传统思想掘下了坟墓，而由于怀疑主义带来的这些结果，我们寻找出被埋没了的真理，而且也许会再次发现传统的思想是正确的，尽管他凭一双泥脚站立着。"

此时的尼采还没有形成自己的思想，有时候会在脑海中迸出一些矛盾的念头，例如他对英雄的向往和对平民的怜悯、对国家的忠诚和对正义的信仰等。这些充满矛盾的念头促使尼采更加慎重地对待这些观念，这也是他这个阶段使用怀疑方法的原因。

尼采第一次当兵很快就结束了。1868年3月，在一次骑马训练的时候，尼采骑的马受惊了，他从马上摔了下来。摔下马后，他当场便昏迷了过去，足足两天之后才醒来。好在他只是胸部肌肉拉伤，卧床10天后做了手术。

手术结果似乎还算令人满意。受伤之后自然不能再参加训练了，他随后开始撰写酝酿已久的论文《康德以来的目的论》。尼采似乎已经忘记了病痛，将所有精力都投入到了自己的论文中。然而在手术两个月后，尼采的病情却没有想象中的好转，反而开始恶化。

经过一系列检查之后终于确诊了，尼采的病情比想象中的还要严重，他的胸骨已经损坏并发炎了，甚至炎症已经进到骨腔里了。本来计划要通过手术治疗，但是这时已经改为水浴治疗。值得庆幸的是，治疗的效果很好，到了8月份便基本痊愈，尼采随后便回到了瑙姆堡的家中，和母亲住在一起。

这次伤病并没有彻底治愈，留下了一些后遗症。虽然症状不是很严重，但是仍然影响了尼采的生活。由于这次受伤，尼采已经不能继续待在军营里了。他也没有能力再上战场了，英雄梦可以说已经破碎。在受伤治疗的这段时间里，尼采有了更多的时间从事学术研究和思考。

到了10月份，尼采度过了自己的24岁生日。他正式退伍，重新回到了学校中。在这一年的当兵经历中，尼采并没有什么英勇的事迹，他的身份是炮兵，但是并没有上过战场，毕竟连训练都没有完成。不过在思想领域，尼采在这一年中可以说是大步前进。

尼采本人很珍惜自己这一年中的经历，并为自己成为一名炮兵而自豪。在之后，他常常称自己为"老炮手"，可以说是自己英雄梦的延续。

尼采有过两段当兵的经历，第一段在1868年结束，第二段是从1870年开始的。1870年，普鲁士和法国之间爆发了战争，尼采再一次在民族情感和对人道主义的关怀之间产生了矛盾。这时尼采已经被聘为瑞士巴塞尔大学的古典语言学教授，获得了瑞士国籍。他说："当瑞士人令我沮丧。我们的文化该怎么办？在那里根本没有足够的伟大的牺牲！这帮该诅咒的法国畜生！"

瑞士是永久中立国，因此他不能当战斗兵种，只能当医务兵。很快，他就向校长请假，重新穿上了军装。此时战争已经如火如荼，经过仓促的培训之后，尼采便坐上了火车到前线去了。

尼采乘坐的车厢本来是运送牲口的，和他一起的有6个重伤员，尼采要负责照顾他们，为他们包扎伤口。火车行驶了两天，他们才到达目的地。尼采在文章中回忆这段经历的时候写道："他们的骨头都被打碎了，有的人负伤四处，两个人的伤口出现了坏疽。现在看来，当时我能从那些腐烂的臭气中幸存下来，并且还能睡得着觉、吃得下饭，真是个奇迹。"

在战场上能够生存下来是件幸运的事。然而尼采刚刚到达战争前线，就遭遇到了一个小小的不幸：虽然他将伤员安全接了回来，但是他自己却患上了痢疾，只好和他护理的伤员一起住进了战地医院。

这次生病给尼采带来的痛苦比上一次坠马受伤还要剧烈得多。身体上的疼痛让他难以忍受，为了缓解疼痛，尼采开始服用麻药。

在俾斯麦的领导下，普鲁士军队将法军打得节节败退。1870年9月2日，法兰西皇帝拿破仑三世在色当被俘，法军被围，士兵全数成了战俘。随后，普鲁士军队包围了巴黎，并炮轰巴黎城。

战争的胜利刺激了几乎所有的普鲁士人，他们的心中都有一个统一的梦，对德意志人民来说，这一天终于来临了，然而尼采却对人们的狂热感到深深地忧虑。他说："我很担心我们将来的文化情况，我认为现在普鲁士对一切文明国家来说是一种非常危险的势力。"德国取得了普法战争的胜利，但这并不意味着德国文化的胜利。相反，德国文化变成了一种"无意义、无实体、无目的"的东西，它"是一种纯粹的所谓'公共舆论'。假如以德国的武力证明这种教育有一定成绩，或者，证明德国人战胜了法国，那就没有比这更坏的误解了"……

此时没有人会对一个青年士兵的想法有兴趣，事实是人们期盼已久的德国统一已经来临了。1871年1月18日，德意志诸邦王室和高级军事将领聚集在凡尔赛宫镜厅，拥立普鲁士国王威廉一世为德意志皇帝，并宣布德意志帝国成立。

毫无疑问，尼采是一个爱国者，但是尼采对战争的残酷有着深刻的了解。在经历过战争之后，尼采已经不再幻想自己在战场上成为英雄了，开始用一种审视和怀疑的眼光，来看待国家、民族和组成国家的人。他已经超脱于国家和政治之上了，不希望让残忍、疯狂的战争继续肆虐下去。

他理想中的古希腊传说中的那种英雄战争，或许永远不会出现，只要战争出现，就不会有好的结果。在当兵的时间里，尼采几乎是和死神同眠的。这样的经历，让他对人性、对哲学有了更加深邃的思索，这个年轻人已经越来越成熟了。

相交瓦格纳

1868年，尼采在第一次兵役结束之后，又回到了莱比锡大学，继续自己的学习和研究。在这一年中，尼采结识了其生命中的一个重要人物，这个人就是德国著名的古典音乐大师瓦格纳。

瓦格纳是德国著名的作曲家和音乐家，1813年出生在莱比锡。他和尼采一样，很小的时候父亲就去世了，因而家境十分贫寒。他无疑是个逆境中成长的天才，在诗歌、音乐、哲学等方面都有很高的造诣。卓绝的天赋，加上他浪漫的幻想，让他创作出了一大批美轮美奂的作品。

贫困的家庭使瓦格纳小时候难以接受良好的教育，但是他从小就表现出了对古希腊文学的热爱，在很小的时候就对诗歌、音乐、喜剧和服饰艺术表现出浓厚的兴趣。在学成之后，瓦格纳便开始作曲，并编写话剧，表演一些大师的作品。

他的生活似乎是很顺利的，但是在1848年，他参加了革命，被迫流亡国外15年。正是在国外流亡的这段时间里，他开始收集民间故事和一些神话传说，在所收集资料的基础上，瓦格纳创作了《尼伯龙根的指环》等深受世人瞩目的剧目。在音乐剧领域，瓦格纳敢于改革和创新，他将音乐作为表达自己情感和思想的工具，以展现自己对社会和政治的思考。尤其是在晚年的时候，瓦格纳的作品深受叔本华思想的影响，带有宿命般的悲剧色彩。

很早的时候，尼采就知道了瓦格纳的名字。在上中学的时候，尼采喜欢阅读音乐杂志，瓦格纳的名字就是从音乐杂志上第一次知道的。在那个时候，尼采便被瓦格纳所流露出的智慧吸引了。

上中学的时候，尼采还没想到会和这位伟大的人物成为忘年之交，他们的相遇也十分偶然。

1868年，瓦格纳早已结束了流亡生活，而且他和国王路德维希二世关系很好，得到了国王的鼎力相助。在事业上，他创作的《仙女》《爱的禁忌》《黎恩济》《纽伦堡的名歌手》《漂泊的荷兰人》等作品非常受欢迎，并在社会上引起了轰动。

瓦格纳不但在事业上颇为成功，在情感之路上更是抱得美人归，著名作曲家李斯特的女儿柯西玛成了他的秘书和妻子。这是个聪明贤惠的女人，和瓦格纳可谓郎才女貌。

当时，瓦格纳的妹妹奥蒂利斯也在莱比锡大学，瓦格纳在探望妹妹的时候，听说有位才华横溢的大学生，爱惜人才的他便很想见见这位大学生。瓦格纳想见的这个人，就是尼采。

在给友人的信中，尼采记录下了这次会面的情景：

在吃饭前后，瓦格纳表演了卓越的歌唱家们所有重要的唱段，他模仿一切声音而且毫无拘束。他是一个非常活泼而热情的人，说话很快，很诙谐，往往使得人们在聚会时感到非常亲切、愉快。在这当儿，我和他长时间地探讨了对叔本华的认识。啊，你会理解，当我听到他用无法形容的热情谈到叔本华时，我是多么高兴！他说他对叔本华十分感激，叔本华是认识音乐本质的唯一的哲学家！然后，他打听现在的教授们对叔本华采取什么态度，他嘲笑在布拉格举行的哲学大会，并且嘲笑这些"哲学走卒"。随后他朗诵了一段他正在写的日记，那是他在莱比锡大学生活时非常有趣的一页，现在想起来还让我不禁发笑。此外，他善于写作，很有才华。

从这段话里，可以明显感觉到尼采的喜悦之情和对瓦格纳的崇敬之情。这次会面中，两人都非常愉快。出乎尼采的预料，瓦格纳不但在音乐上造诣非凡，在哲学上同样有极深的造诣，瓦格纳也是叔本华哲学的崇拜者，甚至能够背诵叔本华作品中的精彩段落。在音乐和叔本华哲学的促使下，两人迅速拉近了距离。两人的谈话不再局限于音乐和哲学，更涉及了社会现实和现代人的存在形式等问题。

几个小时的交谈后，他们没有感觉到丝毫疲惫，反而更加神采奕奕。就这样，通过一场谈话，两人成为忘年之交。尼采更加崇拜自己的偶像，瓦格纳也对尼采更加青睐，两人的友谊得到了迅速升华。

天才对天才的赏识就是这样毫无保留，当尼采的艺术天赋、哲学思想和热情洋溢将瓦格纳深深打动之后，他甚至把自家的钥匙交给了尼采。除此之外，尼采还赢得了柯西玛的好感，这无疑让瓦格纳全面接纳了尼采。

为了方便交流，同时也为了表达对尼采的赏识，瓦格纳还在家里特意为尼采准备了两间客房。于是，尼采几乎每天都会登门造访，有时候还会饶有兴致地小住几日，连圣诞节都在瓦格纳家度过，几乎成了瓦格纳的家庭成员。

当然，在获得极大精神喜悦的同时，尼采在瓦格纳的帮助下，其哲学修养和艺术造诣也得到了极大提高。在写给友人的信中，尼采这样写道："从来没有谁像理查德·瓦格纳一样，能够如此完美地展示叔本华的魅力。他完全吃透了叔本华的艺术和哲学思想。在他的身上，随处可见纯粹的理想特性，那是一种深切而热烈的人性、一种崇高的生命品格，就像上帝的光芒那样神圣。"

直到多年以后，当尼采回忆起这段和瓦格纳共度的时光，仍然抑制不住激动而幸福的心情。他非常感谢瓦格纳，认为那是一段真诚而快乐的日子，并且把二人相识的时刻当作生命里最有意义的瞬间。

凭借在瓦格纳身上汲取的大量"养分"，尼采经过一番思考和整理后，发表了很多具有影响力的论文。这些论文一经问世，就引起了极大的轰动，尼采还一度受到邀请，到各个大学进行演讲。在受到学生普遍欢迎的同时，当时的很多学界耆宿也纷纷认识到，一个艺术和哲学方面的双料天才，已经像小鸡破壳那样急不可耐地崭露头角了。

随着毕业时间的日益临近，尼采也开始面临一个新的问题，那就是对于自己的事业思考，这将决定他接下来的人生道路。按照尼采的想法，他希望自己能够留校任教，这样就可以利用教师和学者的双重身份，进行自己的哲学研究。

可惜事与愿违，如果他选择留校任教，那么学校安排的工作除了授课，还有语言学研究，而对于语言学研究，尼采不屑一顾。他觉得学者的研究应该和人类社会的终极需求紧密相关，也就是一系列的哲学问题，不应该是无足轻重的语言学研究。当时的尼采不过是一个刚要毕业的大学生，尽管他足够优秀，却没有人会为他量身定做一份工作。

当然，对于尼采这样一个追求完美的人，也不会屈就于留校任教的工作。于是，在学业结束之后，他便约上自己的好友罗德，到法国巴黎去旅行，希望能够在那里找到一份理想的工作。

这个时候，年轻的尼采一定不会想到，他的大学导师里奇尔教授也在为他的工作进行着努力。应该说，里奇尔教授对于尼采的赏识毫不避讳，他希望尼采能够去自己心目中最好的大学——巴塞尔大学任教。如果能够如愿以偿，无论是对于巴塞尔大学还是对尼采本人来说，都将是一件非常值得庆幸的事情。

在写给巴塞尔大学的推荐信中，里奇尔教授这样写道：

自我进入大学任教的数十年以来，曾经见过无数优秀的学生，他们极具天赋而自强好学，为各个学术领域的发展贡献了宝贵力量。但是，我从未见过有哪个学生像尼采那样，如此年纪轻轻就拥有大家风范。他持成稳重如同山峦，他矫捷敏锐如同麋鹿，几乎能够轻而易举地解决任何学术难题。更加难能可贵的是，他的胸腔当中激荡着伟大的理想，因而他总是朝气蓬勃，信心满满。我可以预言，如果他能够长寿的话，一定会成为像叔本华那样的伟大学者。

凭借这封介绍信，巴塞尔大学在 1869 年 2 月破格录用了尼采，具体教职是古典语言学副教授。这在当时是难以想象的，因为按照规定，副教授一级的职务，需要拥有博士学位才能获得，而尼采只不过是一个刚刚迈出大学校门的学生。对于正在巴黎四处碰壁的尼采来说，这封聘请书无疑是雪中送炭，同时也让他那颗躁动的年轻心脏稍许冷静下来。毕竟，语言学副教授的职务虽然不能尽如人意，却能够让他在学术领域占据一席之地。

在就职演讲中，尼采特别提到了语言学和哲学的统一性，即应该把语言学当成哲学的一部分来进行研究。这说明尼采虽然接受了副教授一职，但是他的思想认识并没有发生太大变化，对于哲学的见解可谓一如既往。

天才就是天才，巴塞尔大学对于尼采的执着给予了极大认同，而他的就职演讲——《荷马与古典语言学》也在当时形成了广泛影响。因此，仅仅在入职一年之后，尼采便获得了博士学位，并且是在免试的情况下获得的，同时他的职务也由此变成了正教授。需要说明的是，在巴塞尔大学的校史上，甚至在整个德国历史上，这样的职务升迁都是罕见的，尼采也因此成为当时的学界明星，受到无数人的爱戴和崇拜。

如此一来，尼采可谓功成名就了，而伴随功成名就而来的就是衣锦还乡。回到故乡瑙姆堡，尼采像是凯旋的将军一样，受到了当地人民的热情欢迎。他的母亲和妹妹，也从一对再普通不过的贫家母女，成了集万千瞩目和荣耀于一身的名流人物。

为了让母亲和妹妹免受打扰，在结束必要的应酬之后，尼采带着她们来到日内瓦湖畔的一处观光胜地度假。对于尼采来说，应酬才刚刚开始，他和任何刚刚出人头地的新锐人物一样，需要结交的人物数都数不过来。他穿着燕尾服，端着红酒杯，谨慎运用着刚刚学会的社交礼仪，频频出现在各种社交场合。

也许是因为少年成名的光环，也许是因为天生所具有的魅力，尼采这个初露锋芒的准贵族受到了大家的普遍欢迎。尤其是那些正在为自己寻找如意郎君的姑娘们，总喜欢像蜜蜂和蝴蝶一样围绕在尼采身边，这让他轻松成为各个社交场合的中心人物。

好友多伊森这样描述当时的尼采："他的学者气质和军人般的行动力产

生强烈对比，而这样的对比在一个人的身上集中后，所表现出来的却是强大的个人魅力。"在母亲和妹妹的记忆中，这段时间的尼采也颇为春风得意，他总是容光焕发地出门，然后红光满面地回家，似乎永远有忙不完的应酬。

然而，精力的充沛并不能让尼采感到精神满足，当成名的新鲜劲过去之后，走马灯似的应酬立即成了他的负担。一方面，尼采要负责学校的教职工作；另一方面，他还要花费大量时间用于学习和思考，因而时间对于他来说渐渐成了奢侈品。

不满首先表现在工作上，尼采希望好友罗德能接替自己的古典语言学教授职务，自己转去做哲学教授。为了阻止尼采的这一做法，巴塞尔大学前后3次为他加薪，由最初的500瑞士法郎到最终的4000瑞士法郎。

虽然勉强留了下来，但尼采的内心世界越来越愤懑，枯燥乏味的教学和日复一日的社交让他对眼前的生活日益不满。还好，除了每天进行的那些毫无价值的活动，尼采还有瓦格纳做他的精神伙伴，这让他能够在纷繁的忙碌中继续思考和前行。

第三章　大师的风采

> 1869年2月,年仅24岁的尼采被聘为瑞士巴塞尔大学古典语言学教授。此后的10年是尼采一生中相对愉快的时期。此时的他已经俨然是学术界一颗冉冉升起的新星,没有人不赞美他的才华,没有人不认为他会在未来获得极高的成就。当然,此时的人们无论如何也想不到,尼采的人生和事业会急转直下。

旷世之作

尽管并不喜欢自己的工作,但是在巴塞尔任教期间,尼采还是很称职的。他为人谦和,略显单薄和瘦弱的身体总是充满活力,为学生讲解课业从来都是不遗余力。然而,在迷人的外表之下,尼采也忍受着常人无法想象的病痛折磨,这无疑在很大程度上消耗了他的时间和精力。

即便如此,尼采还是坚持着自己的思考,只是这种思考和大多数人想象的不一样,它是愉悦而幸福的。也是在这段时间,尼采创作出了《悲剧的诞生》一书,这本书的创作还有一个小故事。

原本,尼采的用意是论述希腊精神,但是这一时期恰逢瓦格纳遭遇挫折而精神沮丧。为了让瓦格纳振作起来,尼采转而把自己的著作和瓦格纳对音乐的认识联系起来,希望借学术上的帮助,向瓦格纳传递"艺术是生命最高追求"的人生信念。

该书的理论依据主要有三点:一是古希腊的语言学;二是叔本华的哲学;三是瓦格纳的音乐。尼采认为,苏格拉底是典型的颓废派,他的出现正是希腊文明从繁荣走向衰落的根本原因;同时他还提出,用理智抑制本能应该是有限度和有取舍的,否则必然会滑向埋葬人性的无底深渊。

应该说,尼采继承并发挥了叔本华的思想,其中最大的贡献在于明确地提出"哲学家认识的是现实的世界,艺术家认识的则是梦幻的世界"。尼采同时提出,为了避免人生际遇遭逢痛楚,人类既不能生活在哲学家的纯现实世界里,也不能生活在艺术家的纯梦幻世界里,而是应该在现实世界中怀揣着一份梦幻，也就是尼采所推崇的"理想主义"。

如果仔细剖析便不难发现，尼采此时的思想当中已经形成了反理性的观点。事实上，尼采并没有急于攻击理性主义，而是在认真思考和探求将理性主义打倒之后，如何正确引导人性。从某种程度来讲，这是艺术家的一种成熟的表现，也是尼采之所以能够成为旷世级哲学大师的基本素养。

为了进一步阐述自己的观点，尼采还在著作中引入了希腊神话，并且把现实主义和梦幻主义具体化为日神阿波罗和酒神狄俄尼索斯。其中，阿波罗代表形体艺术，他的精神使人恬静而深沉；狄俄尼索斯则代表音乐艺术，他的精神使人疯狂而忘我。

概括来讲，阿波罗使人归于理性，而狄俄尼索斯则让人趋于感性。二者又不是独立存在的关系，而是对立统一的关系，即二者不断向对立面发展，并且处在一个不断的循环过程中，如一个人理性到极点之后，并非止步不前，而是逐渐向感性方面转变，反之亦同。这就好像我们日常生活中所见的月亮，弯月和满月并不是对立的，而是周而复始不断变化的。

因此，一个真正聪明的人并不是单纯地只知道如何索取，也不是单纯地只知道如何舍弃，而是懂得顺势取舍，在适于索取的时候能够趁机索取，在应该舍弃的时候又能够淡然舍弃。古希腊人正是因为有了这样的智慧，才能够超然于原始艺术之上，并据此创造了繁荣昌盛的民族文化。

尼采在著作中提到，从基因上来讲，希腊人就是一个优秀的民族。他们对形体、颜色和音乐建立了极强的逻辑性，就像他们遗留下来的浮雕那样，总是能够让人领略到饱满的艺术性和哲学性。结合希腊人的诸多特性，尼采做出了如下描述——做梦的希腊人都是荷马，而荷马又是一个做梦的希腊人。

从心理学角度来讲，尼采认为希腊人对痛苦有着高度的敏感性。正是因为对痛苦的深切感知，使他们能够在痛苦的同时咀嚼快乐，甚至拥有享受痛苦的能力。对此，尼采还提到了一个古希腊传说：

有一个希腊人立志拥有幸福，他通过自己的努力成为国王，但如期而至的却是更加深重的痛苦，尽管他已经得到了无上的权力和巨大的财富。

于是，他只能把希望寄托在神的身上，并且历尽千辛万苦找到了酒神的老师西莱娜斯。

不过，西莱娜斯给出的答案让国王大为失望，她说："人生在世就是在赎罪，因而需要不断地感受痛苦，这是神的旨意。所以，对于任何一个人来说，最大的幸福莫过于没有出生，如此自然不必感知痛苦。当然，对于已经出生的人来说，还有一种次等的幸福，那就是立即去死。"

由这则神话可以看出，当时的西方社会受叔本华思想影响，具有普遍的悲观色彩。尼采引用这则神话，却另辟蹊径地肯定了痛苦存在的意义，即面对无法避免的痛苦，我们只能笑脸相迎。

应该说，在古希腊的各种神话故事中，残忍和恐怖的景象比比皆是，比如泰坦之神的相互厮杀，宙斯之父为避免预言发生而吃掉自己的儿子，普罗米修斯为人类偷来火种却惨遭猛禽啄肝等。从这些神话故事可以看出，希腊人对残忍和恐惧有着客观的认识，这一点正是尼采最为看重的地方。

据此，他在自己的著作中提到："我们应该看到希腊人在残忍和恐惧面前的战栗，但更应该看到他们在战栗中缔造的奥林匹斯山，以及山上诸神的光辉形象。"

其实，尼采想要表达的意思很简单：

首先，人类的存在就是生命的最大意义，或者说我们所做的一切都是为了生存以及更好地生存，此即叔本华提到的生命意志。其次，神的各种存在和一切行为，实际上都可以解释为人类的求生本能。即无论面对多么巨大的困难，我们都应在美好"彼岸"的引领下，一往无前地拼搏努力，神由此成为我们通向彼岸的精神桥梁。最后，尼采认为人和神之间存在一个美妙的沟通渠道，那就是艺术。人类从事各种各样的艺术活动，实际上是在模仿神的意识和行动，当然这也就成了人类面对一切痛苦的积极手段。

以上三点中，第一点是尼采对叔本华思想的继承，第二点是尼采对叔本华思想的认识升华，第三点则提出了具体的行动指导，即面对人生中注定的痛苦（或者称为原罪），人类可以尽可能地创造并感受美好，以此来抵御残忍和恐惧的吞噬。

为了生存而创造神，说到底神的存在是为人类的生存而服务的，尼采的这一观点又具有无神论和人本位的特性，这在当时的整个西方哲学界具有划时代的意义。值得一提的是，早在尼采之前，费尔巴哈也曾提出了类似观点，只可惜他的观点缺少尼采这样有力的注脚，因此注定被人们闲置不理。

很快，尼采对自己的观点做出进一步阐述，即艺术活动是人神同乐的事情。换句话说，人类在进行艺术活动的时候，可以等同于神在进行艺术活动，从而将人性和神性进行了有效统一。既然神是永恒存在且永恒安乐的，那么人类也可以在艺术活动中获得不死生命和终极愉悦，至少能够创造并感受这份永恒的存在和安乐，从而能够坦然面对残忍和恐惧。

从另一个角度来看，人作为感知一切美好的生命体，绝不应一味思考死亡的问题，而应该致力于如何生存下去，以及如何更好地生存下去。因此，一切有利于人类生存和更好生存的活动，都应该被视为神圣的、正当的权利，反之则必须竭尽全力将其扼杀。

实际上，尼采得出这一结论的过程，也是希腊人认识自己的过程。在创造了独特的日神文化之后，希腊人曾遭遇猛烈的外来文化冲击，甚至被外来势力武力征服，但是凭借文化上的先进和完备，他们最终保留了自己的文化特性，并且成为整个西方文明的基石。

可惜，当希腊人自己对日神文化产生质疑后，酒神文化就开始在他们的内心当中酝酿成型，并且很快形成不可阻挡之势。值得庆幸的是，日神文化在后来成功收复了一片失地，日神文化和酒神文化也最终达成和解，即严格控制自己的个人意识，也就是所谓"你的自由以他人为界"。

在此之后，日神文化和酒神文化在希腊人中间成为具有二元性的结合体，人类的思想开始在激进和保守之间不断游走，所谓"悲极生乐，发自肺腑地爱好奔走；乐极生悲，悠悠千古而不绝如缕"。著名哲学家黑格尔也曾提出类似观点，即"矛盾转化"，这暗合了尼采的哲学观点。

为了让人们易于理解和接受，尼采还在作品中提到了两个具体的人物，即希腊史诗的鼻祖荷马和阿尔基洛科斯。前者被认为是日神文化的楷模，简称"客观诗人";后者则被认为是酒神文化的代表,简称"主观诗人"。

需要说明的是,尼采认为人们对阿尔基洛科斯"主观诗人"的评价太过简单和武断,而是应该把他看作"某个人生阶段中的荷马",当然也可以把荷马看作"某个人生阶段中的阿尔基洛科斯"。尼采的观点是,主观意识是一个艺术家首先需要克服的成长障碍,没有哪个真正的艺术家的创作是单纯的个人意识的展现,因为只有具备十足的客观意识,才能养成超然的人生态度,从而建立真正的艺术家视角和情怀。

在大多数人看来,阿尔基洛科斯的作品很难逃脱"自我倾诉"的嫌疑。尼采对此给出了自己的见解,他认为阿尔基洛科斯处在艺术创作的最初阶段,即人类个体意识的觉醒时期,因而他的哲学思想和艺术创作不仅不是独立的,也不是与荷马对立的,而且为整个人类社会的哲学和艺术发展史奠定了坚实基础。

除了将不同时期的艺术家进行统一划分,尼采还将不同的艺术领域合在一起,并且提出了艺术相通的哲学观点。比如诗歌和音乐,无论是哪种艺术形式,在单一形式下都难以展示出强大的艺术魅力;而一旦把二者统一起来,即为诗歌配上音乐,或者说为音乐填上诗词,就能够在艺术表达上提升一个层次。古代诗歌,都要配合相应的乐曲,至少也要配合简单的节拍,正好说明了尼采的这一观点。

尼采的另一个论据以问题形式出现,即为什么杰出的艺术作品都能够引起人们的普遍共鸣?哪怕被引起共鸣的人从来没有接受过艺术教育。答案只有一个,那就是艺术之美是永恒的、独一无二的和人神同乐的,艺术家的作品越是接近真正的艺术之美,就越是能够引起人类的共鸣,并且以一种看得见、摸得着的艺术之美留存于世。

为了证明自己的哲学思想,尼采还在书中对抒情诗歌进行了深入剖析,并最终得出了严谨缜密的思维逻辑,即字词、画面和思想等艺术元素,统一和音乐组成艺术共同体,它们的排列和取舍都必须遵从音乐的表现形式;一旦有违音乐之美,就会破坏艺术表现的和谐,自然也会影响受众的身心愉悦。因此,尼采将美妙的音乐作为第一参照物,用来具体阐述神的意识,或者称为世界的意识,从而一目了然地将艺术之美呈现给世人。

追本溯源

为了进一步阐述自己的观点，尼采决定追溯叔本华哲学思想的根源，或者称之为悲剧起源的问题研究。这一次，尼采同样以自己擅长的抒情诗歌为研究蓝本，试图从艺术的角度探讨悲剧的起源。在研究之初，他就亮明了一个观点，认为悲剧和抒情诗歌同出一源，而且悲剧是抒情诗歌的终极表现。

由于自古以来从未有人研究过这个课题，尼采的研究具有划时代的意义，这让他再次引起世人的瞩目。按照传统的解释，悲剧被赋予了泛政治化的色彩。尼采对此进行了坚决否定，他认为悲剧的根源与政治无关，而是来自宗教思想。因为古希腊的诗歌不仅没有对抗政治贵族的意图，相反它描绘了理想的民众形象和行为，具有引导民众走向教化的进步意义。

一个具体的泛政治化说法是，古希腊的诗歌直接或间接促成了"立宪人民代表制"，因而对当时社会的政治活动具有重大影响。尼采直接将这种说法斥为无稽之谈，理由是古希腊诗歌产生于古代社会，而古代社会的政治活动从未受到过诗歌的影响，现代社会中的政治活动更不会受到诗歌影响。

一个不同观点来自奥古斯特·威廉·施莱格尔，此人是德国浪漫主义文学的重要奠基人，他认为古希腊的歌剧创作者是"理想的观众"，言外之意是说他们脱离了社会实际。尼采对他的观点进行了着重剖析和反驳，他首先对施莱格尔的观点进行局部肯定，认为他的观点非常缜密，并且体现了日耳曼人的特色，但是就这个观点而言，施莱格尔显然思考欠妥。尼采的理论依据是，在具体的社会活动中，没有任何人会成为观众，因为没有任何人能够脱离社会活动而独立存在。即便是观众本身，也会在观看歌剧的时候不自主地进行角色代入，每个人都会对自己的社会角色进行心理定位，只是在程度上有所不同而已。

至于创作者本人，都是一个个参与到社会生活中的有血有肉的人，而且是洞察力相对较强的观察者和思考者。一部优秀的诗歌作品，虽然会以纯粹的艺术形式出现，但只要能够引起观众的共鸣，就说明它契合了民众的某种心理需求，能够对社会活动和历史发展产生实实在在的影响。

因此，任何一种社会活动，包括艺术活动（如舞台歌剧）在内，都与社会实际息息相关。从某种程度来讲，舞台上的演员并不是单纯的演员，而是真实人物的舞台表现，只不过是被创作者进行了必要的艺术处理。换句话说，演员与观众没有明显的界线，舞台与社会实际也不存在纯粹的对立，也就是说，每个观众都是"演员"，每个生活场景也都是"舞台"，纯粹的观众也就不复存在了。

当然，尼采并不是否定所有人的观点，席勒的观点就曾被他肯定和引用。1803年，席勒在其悲剧作品《墨西拿的新娘》一书中提到，任何艺术形式都应该给受众带来愉悦的身心体验，而最高境界莫过于让受众感到希望和自由，并且充分激发他们的想象力。就艺术作品而言，通常不能让人们摆脱现实境遇的困扰，但是却可以为受众描绘一幅理想的画面，让他们在希望的引领下变得生机勃勃。

至于古希腊的诗歌，席勒认为它确实在某种程度上造成了古希腊人的悲剧。因为人们在剧场中得到精神满足之后，必定还要回到现实生活中继续受苦，巨大的精神落差甚至会让那些神经脆弱的人意志崩溃，但是对于那些聪明和成熟的观众来说，这种由精神落差带来的悲观完全能被克服，并且能在歌剧中汲取养分，为现实生活中的自己补充能量。

席勒同时还指出，真正的悲剧作品不能单纯地为了描绘悲剧而生，而是应该在描绘悲剧的同时展现出强大的生命意志，从而给人以强大的鞭策和激励。真正的观众绝不能单纯从悲剧中吸收负面能量，而是应该看到古希腊人在悲剧中的抗争，尤其是在绝境中从不轻言放弃的无畏气概。

如果换个角度来看，古希腊人能够把悲剧打造成艺术形式，这本身就是对悲剧的一种正视，同时也表现了他们在悲剧面前的超然态度。与那些在现实生活中总是极力逃避悲剧，同时一味追求"喜剧"，当悲剧来临时又不堪一击的人相比，显然更值得后人学习。

尼采对席勒的观点予以高度肯定，他认为席勒才是真正能够解读悲剧的人，席勒所说的悲剧也才是真正的悲剧。尼采也提出了自己的保留意见，他认为悲观主义者的悲观情绪主要来自现实与理想的落差，而悲观主义者所谓的现实和理想，只是他们自己眼中的现实和理想，其中很大一部分甚至是他们虚构的。

因此，当人们审视现实和理想的落差时，首先应该站在客观的角度上，给出现实和理想的合理定义。有些人把现实和理想完全隔绝开来，认为现实中的一切都是痛苦的，而理想中的一切都是美好的，应该说，很多人的痛苦恰恰来源于此。他们穷其一生追求理想，不能实现自然痛苦不堪，实现了也会愕然发现，所谓的理想很可能是下一个理想的起点，痛苦还是会像影子一样挥之不去。

尼采认为，古希腊人面对这种情况是很有智慧的，他们中的智者干脆为人们谱写了一则则神话，从而为人们提供统一的、纯粹的和理想的追求境界。当然，神话并不是完全脱离实际，因为古希腊神话中的神都被人性化了，其中古希腊的所有神灵几乎都是人身，就是一个很好的证明。

在进一步的剖析之中，尼采提出古希腊的神话还有一种重要作用，那就是消除了现实世界中人们的不平等意识，即世人在神灵面前一概平等。对于人类来说，分配不均比物质匮乏更容易引起不满和冲突，这一点显然高度弥合了当时的社会矛盾。应该说，在中国很早就有"民不患寡，而患不均"的古训，二者在道理上是相通的。

再加上宗教的巨大作用，古希腊神话立即被蒙上一层"现实主义"的色彩，因而古希腊神话不仅没有和人们的实际生活脱离，反而起到了很好的融合作用。比如其中的纯虚构部分，作为人类普遍追求的理想境界，成为所有希腊人的共同梦想。在它的引领下，所有希腊人都会心向一处，紧密团结，这正是古希腊人创造出辉煌历史和文化的重要原因之一。

由于生性敏感且惯于思考，古希腊人在面对苦难尤其是浩劫的时候，很容易陷入无法自拔的悲观情绪直至崩溃，其中一些人甚至会立即崩溃。那些极力寻求解脱的人，又可能会陷入佛教式的虚幻之中。总之，悲观厌世的情绪深深埋藏在古希腊人的基因中，如果没有一种能够慰藉其灵魂的文化存在，他们必将无法面对内心深处的自己。

这个时候，艺术应运而生。从某种程度来讲，这是一种必然的发展趋势，否则即使"外族"没有摧毁古希腊人的文明，他们自身的基因缺陷也会让自己陷入危险境地。悲剧艺术正是古希腊人最宝贵的救命稻草。尼采把悲剧艺术看作古希腊人的救星，认为它的出现让古希腊人悲观厌世的思想得到转变和升华，从而让他们能够站在"观众"的角度上，用"戏谑"的方式面对痛苦。

由此可见，艺术拯救了古希腊人，而古希腊人也将悲剧成功升华为一种艺术形式。他们借此意识到，尽管人生会遭遇这样或那样的不如意，但生命的最高价值却是享受一切美好事物。这最终成了古希腊人一种与生俱来的信念，于是人性的本能冲动得到规范，悲观情绪得到寄托和宣泄，艺术成了抚慰灵魂的良药，希腊悲剧随之诞生了。

接下来，尼采将古希腊的悲剧和近现代的牧歌进行了类比，得出的结论是：古希腊人的社会知识和生存经验尚未成熟，所以他们对未知的自然和人性拥有教徒式的狂热信仰，而近现代的牧歌则是一幕幕纯粹的嘲讽，此时的人们已经对社会和自然建立了科学认知体系，因此古希腊人的观念和近现代人的观念不可同日而语。

其次，古希腊歌剧以集体活动的形式进行，而近现代牧歌则是纯粹的戏剧。当古希腊歌剧进行的时候，每个人都是其中的一员，其感染力如排山倒海般强大，而近现代牧歌则是由演员在舞台上展现，观众则作为旁观者欣赏，因此二者的感染力也不可同日而语。

再者，古希腊歌剧是古希腊人日常生活的必要组成部分，他们会持久和直观地去感受活动本身，并且长期停留在歌剧的影响之中，而近现代人观看牧歌则是一种可有可无的娱乐活动，即便在观看过程中受到感染，其受影响的时间也很有限，因此二者的审美方式同样不可同日而语。

此外，古希腊歌剧的创作者和表演者都是重要的社会人物，他们虽然声称是上帝的奴仆，实际上却是人世的主宰者。古希腊人参与活动的时候会处于癫狂状态，甚至会产生幻觉，然后在幻觉中舍弃自我并与集体合二为一，而近现代牧歌的创作者和表演者则是普通人，他们会被观众当成一种职业人对待，然后用平等的目光去审视他们的表演，因此二者的艺术主体仍旧不可同日而语。

综上所述，尼采给出自己的最终观点，即现代人不能用自己的目光去审视古希腊歌剧，就像古希腊人不可能理解近现代牧歌一样。然而，如果从单纯的哲学角度来讲，现代人对艺术的认识和重视实际上退化了，近现代牧歌很难恢复到古希腊时期歌剧的重要社会地位，更难起到当时的巨大历史作用。

至于古希腊悲剧的整个衰落过程，尼采是以人物为主要节点进行梳理的，这其中他提到了一个最重要的人物——欧里庇得斯（古希腊三大悲剧艺术家之一）。在尼采看来，欧里庇得斯虽然极力维护古希腊悲剧的正统历史地位，但结果却适得其反。欧里庇得斯进行的所谓世俗化改造，实际上违背了古希腊悲剧的真谛，他也因此成了古希腊悲剧的掘墓人。

总而言之，在尼采的诸多作品中，每当提到古希腊悲剧，总是会出现纯真、透彻和美妙等赞美性词语，并且对它的力量近乎迷信地崇拜。比如索福克勒斯笔下的俄狄浦斯，以善良、智慧和勇敢的正面艺术形象出现，结果却在抗争命运的过程中一步步把自己推向毁灭。不管作者的原本用意是什么，尼采却明确肯定了俄狄浦斯抗争命运的做法。事实上，这也是尼采对待悲剧主义的基本态度，同时也道出了悲剧主义的源头所在。

希腊悲剧的衰落

酒神文化对于西方社会的影响可谓根深蒂固，在欧里庇得斯出现之前，几乎所有被古希腊人传颂的英雄身上都有酒神狄俄尼索斯的影子。在尼采看来，酒神狄俄尼索斯是悲剧文化的集中表现，同时也代表了整个人类的命运。比如他在生下来的时候，遭遇了被撕成碎片的悲惨命运，结果又得到了重生，人类社会千百年来正是在重复这样的循环。

在此，尼采还提出了一个著名论点，即个性化是一切灾难的起因，因为世间的所有事物本质上相同，于是消除各种各样的个性化，就成了消除各种各样的灾难的前提，同时也是消解每个人内心痛苦的根本方法。至于具体的做法，尼采又提到了艺术，指出人类向艺术的靠近就是在趋于人性的统一。

当然，艺术并不能解决一切社会问题，但是它为人们指明了解决问题的方向，至少让人们看到了解决问题的希望。正因为如此，艺术应该成为人类的最高追求，通过艺术让自己的内心趋于平和，并最终促成整个人类的和谐共处，也应该成为人类的终极目标。

不言而喻，希腊神话曾经活力无限，生命本能的原始冲动、音乐节拍的强大冲击、绝处逢生的狂喜和集体仪式给个人带来的狂热，都是鲜活的生命体验。但是，随着文明社会的进程加快，古希腊人变得越来越成熟和理智，他们开始从实用主义的角度审视神话。

在这种情况下，古希腊人开始限制神话的急速发展，转而开始对已有的神话进行系统性研究和整理，爆炸式的神话创作开始冷却下来。可想而知，没有了丰富的想象力，也没有了宗教为其蒙上的神秘面纱，希腊神话的内核自然开始慢慢走向枯竭，整个希腊神话的创作也由此步入低谷。

在这一大环境和大潮流之下，改革和振兴悲剧神话就成了欧里庇得斯的历史使命。欧里庇得斯也确实挺身而出，对悲剧神话进行了大刀阔斧的改革。对于他的具体做法，总结起来其实很简单，就是把酒神文化从古希腊悲剧中完全剔除，然后与新兴的艺术文化和价值观念相结合，从而使其焕发出新的光彩。

前面已经提到，酒神文化是古希腊神话最核心的部分，甚至可以称之为灵魂。欧里庇得斯进行如此一番改革，对于古希腊悲剧的打击显然具有毁灭性，但是在当时的情况下，他的做法又实属无奈之举。在此之后，日神文化重新占据上风，理性取代了感性，思考取代了体验，音乐也销声匿迹了。

新的问题随之摆在人们眼前，开始思考并解读悲剧的人们很快发现，以他们仅有的知识根本无法做到这一点。久而久之，人们对于神话的兴趣开始逐步削减，毕竟没有人会对完全不懂的东西长期保持兴趣。这一阶段，还存在一群对希腊神话情有独钟的学者，他们试图对希腊神话进行不触及本质的改造。可惜，由于缺乏理论根基，他们不得不借助欧里庇得斯的一些观点，其结果也就可想而知了。

引领主流的欧里庇得斯也在尝试新的方法，他转而把艺术作品和普通生活联系起来，以便用百姓能够理解的琐屑小事来传播悲剧文化。然而，悲剧艺术在大众化的同时，也不可避免地走向了庸俗化，艺术的魅力由此大为失色。

在此之前，悲剧艺术是通过舞台形式表现出来的。表演者都是专业的舞蹈演员，他们能够将酒神的形象惟妙惟肖地表现出来，表演内容也都是歌颂酒神的，并且进行了高度的艺术化处理。但是在此之后，悲剧艺术开始把百姓生活搬上舞台，观众虽然能够领会创作者和表演者的意图，但其中的艺术色彩却渐行渐远。一些创作者出于纯粹讨好观众的目的，对古希腊神话中的神进行了世俗化处理,甚至对部分神进行丑化。

为了进一步贴近百姓生活,创作者还将舞台语言进行改造,让市侩俚语充斥了艺术表演的舞台。底线一旦被突破就会节节败退,同样是为了迎合百姓的口味,一些哗众取宠的艺术作品相继出现在舞台上,其中不乏一些带有负面影响的作品。应该说,这种做法是在对古希腊神话进行赤裸裸的亵渎。

对此,尼采忍不住高声呐喊:欧里庇得斯的做法直接导致了希腊悲剧的毁灭,他是希腊文化的历史罪人!当然,欧里庇得斯并不这样认为,他有强大的理论支撑自己的观点,所以他不仅不觉得自己是历史罪人,而且认为自己对古希腊悲剧的改造是成功的,贡献是巨大的。

事实上,欧里庇得斯和尼采的见解之所以会出现分歧,根源在于他们审视艺术的价值取向不同。在欧里庇得斯看来,虽然艺术源于生活且高于生活,但其本质和作用是为民众服务的,因而其应该遵循的最高准则是寓教于乐,其中"乐"自然占据主要地位,"教"则处于可有可无的地位。

尼采的观点显然与此背道而驰,尼采认为艺术虽然是为公众服务的,但最高追求应该是为民众做出思想和行为上的指引,总结来说就是寓乐于教,其中"教"要占据主要地位,"乐"则退而居于次要地位,这才是创作者应该遵循的原则。因此,舞台上应该歌颂英雄事迹,而不是普通民众随处可见的琐屑小事。

所谓民众,不过是一个抽象概念。他们是由一个个具体的人组成,并且大多数情况下容易在某个或某几个人的引领下,产生连锁反应,也就是所谓的"羊群反应"。既然民众始终处在被引导的地位,为什么不能用英雄形象和英雄事迹来引导呢?这样就能够让每个人在英雄的引领下都成为英雄,而不是在混乱的价值体系困扰下,成为一群乌合之众。

尼采承认,民众的力量确实是巨大的,但是这种巨大必须以集体的形式来表现。如果没有正确引导,这股强大的力量就会变成一盘散沙,如此非但无法对外形成强大的威力,还会在内部形成自我消耗。尤其让尼采无法接受的是,按照欧里庇得斯的理论,他自己应该是非常重视和尊重个体民众的，但实际上他总是在民众面前不可一世。

欧里庇得斯的理论来自苏格拉底。苏格拉底在西方哲学史上占有重要地位，人们向来对他格外推崇。可是在尼采看来，他的理论是西方文化走向衰落的根源，就连欧里庇得斯也只不过是他的"马前卒"。当年，苏格拉底受命发动新的哲学思潮，成为西方文化的重要奠基者，但苏格拉底发动新思潮的一个重要举措，就是扫清包括希腊神话在内的旧文化，这对于一向推崇希腊神话的尼采来说，自然是无法接受的。

可以说，苏格拉底追求清晰明确的科学知识，凡事必须要有理论依据和实际论证，并且建立前后贯穿的思维逻辑。在这样的理论架构下，苏格拉底最后得出的结论是"知识即美德"，欧里庇得斯将其进一步引申为"理解然后美"。既然艺术需要理解，那么观众必须消除激情和冲动的部分，以置身事外的视角去审视艺术。

对此，尼采提出明确反对，他认为艺术的美很大程度上在于感染观众，而受到感染通常是不需要掺入理智成分的。为了让观众理解剧情，创作者要安排一些开场白，并且用神的口吻做出指引，这对于观众的思想和感情都将是一种限制，或者说是一种扼杀。因此，尼采直接将苏格拉底的理论称之为"凶杀原则"，而他"凶杀"的对象正是古希腊神话中的酒神和日神。

在自己的理论原则下，苏格拉底无情地批判了当时的思想家和艺术家，认为他们"只是凭借本能思考和行事"。尼采却反其道而行之，他认为直觉（或者说灵感）是艺术创作的主要源泉，而知识在艺术创造过程中的作用微乎其微。简言之，艺术是"本能"的，而非理性的。理性并不参加艺术创造的过程，而只是在艺术作品因"本能"产生后，起到可有可无的过滤和修剪作用。

同时尼采还指出，苏格拉底的艺术造诣十分有限，对于希腊悲剧更是知之甚浅，他所热衷和推崇的理论观点，不过是其逻辑机器下的冰冷产品，他本人也被这台机器异化成了一个科学怪人。最终，希腊人对苏格拉底进行审判后处以死刑。苏格拉底用自己的死捍卫了他的观点，古希腊人也用这种方式维护了自己的价值体系，而尼采认为这是理所当然的。

在西方哲学史上，还有一位重量级的人物柏拉图，同样在尼采的引述范围内。在尼采看来，柏拉图是颇具艺术家天赋的，他淳朴、冲动，"本能"迹象明显。可惜作为苏格拉底的首席门徒，他的艺术天赋受到严重扼杀，以至终其一生都在"理性"和"非理性"之间徘徊。为了证明自己的观点，尼采还分别摘录了柏拉图早期和晚期的艺术作品，对比效果确实值得关注。

除此之外，尼采对基督教也表示出了"深沉的和敌意的缄默"。他认为基督教奉行虚无主义，把人们的思想和感情引向了纯粹的梦幻之地，是对希腊神话的另一个极端异化。他认为生命是一个冲动的过程，因而对生命的把握只能来源于对生命的体验，不能单纯地依靠信仰来完成。尼采认为基督教的传教士都是一些野心家，他们表面看上去光鲜亮丽，但内心世界却阴暗龌龊。

事实上，尼采的观点同样带有片面性，其中最大的问题就是把理性和非理性完全对立起来，也就是把酒神狄俄尼索斯和日神阿波罗完全放在了对立面。不可否认，生命的产生和艺术的产生确实来自本能冲动，但是随着人类社会文明的进步，理性已经不可避免地进入了人们的大脑。因此，二者应是对立统一的，酒神是日神的映像反射，而日神也在逐渐深入酒神的灵魂深处。

对于每个人而言，理性和感性都是有机的组成部分。一个人不可能是纯粹的理性性格，也不可能是纯粹的感性性格，区别只在于哪种性格的成分更多一点。当然，这里所说的性格成分不是固定的，一个人在某些事物上可能表现得很理性，但是在某些事物上又可能表现得很感性。或者一个人在最初阶段很感性，后来随着生活阅历的增多和思想感情的丰富，变得越来越理性；反之也可能从理性转为感性，甚至再度转回理性。

苏格拉底改变了希腊文化的流向，却没有结束关于理性和非理性的争论；他遏制了希腊悲剧的狂流，却没有泯灭希腊文化的内核。尼采据此做出判断，无论科学和理性如何发展壮大，只要它仍旧以人的生命为载体，就会不可避免地掺入感性成分。从根本和结局来讲，人生就是一场悲剧，我们能选择的只是微笑着去面对或者痛哭着去面对。

绝处逢生

在苏格拉底思潮和基督教教义的冲击下，古希腊悲剧艺术迅速走向衰落，甚至几度濒临毁灭的边缘。新兴的理性主义和科学精神热衷于解开未知奥秘、创造物质财富，而艺术家们仍然在尝试着利用未知奥秘为人类社会创造精神财富，尼采自然是后者的坚定信仰者。

在他看来，所谓科学精神不过是为了满足人们的好奇心，因而人们关注的并不是真理与否，而是探寻真理的过程。这一点，与苏格拉底的想法显然不同，因为苏格拉底的愿景是通过科学研究构建逻辑系统，然后把世间万物全部归纳其中，以便人们能够最大限度地趋利避害。

尼采承认苏格拉底的想法很崇高，但他不认为这种想法能够成为现实，并且将其归为"形而上"的范畴。因为任何科学研究对未知领域都存在盲区，或者说科学知识永远都有解释不了的自然现象，久而久之人们对科学的热忱就会降低，转而回到艺术的视角上开始重新认识万物。如果科学家强行突破未知领域，甚至掺入一些猜想和虚构的成分，那么科学本身就已经被艺术化了。

科学的发展不仅为人们带来技术发展，同时也必然会影响人们的价值观念，其中"物竞天择，优胜劣汰"就是一个典型的科学理论。很显然，这一理论过于侧重人类的动物性，几乎无视人类区别于动物的特殊本性。在这种情况下，当科学沦为某个人或某个集团获取私利的工具时，人类社会必然蒙受劫难。

苏格拉底是个乐观主义者，他相信人们能够充分认识未知世界，并且最终获得普遍真理，尽管这一过程会非常痛苦。尼采认为，苏格拉底的乐观多少带有盲目色彩，因为以理性为主导和以功利为追求的价值观念，本身就具有一定的限制。避免因理性带来的保守，避免因功利而产生的矛盾，科学家们恐怕还要依赖悲剧艺术。

在悲剧艺术中，最核心的组成部分是音乐。与其他艺术形式不同，音乐本身不具备任何物质特性，它抛开一切人类欲望，直接与人类的灵魂进行交流。音乐适用于一切对象，因为它具有一目了然的共性，任何人都可以在第一时间得出自己的见解，至少可以做出优劣判断，当然也会在这一过程中得到精神慰藉。

紧紧抓住这一点后，尼采别开生面地提出了新观点，即音乐具有产生神话和悲剧的原始力量。音乐和其他艺术形式不同，它完全从人们的直观感受中抽离出来，因而带有绝对的抽象性，可以直接进入人们的意识和思维。在此，尼采又一次引用酒神狄俄尼索斯的智慧，认为只有遵循音乐精神，人类才能战胜生命中的恐惧和疑虑。

当古希腊悲剧遭到苏格拉底的遏制后，音乐精神也随之凋零。当时的音乐迅速蜕变为"粗糙的节奏"，艺术美感和艺术灵性完全消失，创作者为了吸引受众，甚至不得不附加图片和语言等元素。可想而知，这些元素加入得越多，音乐本身的生命力就会越弱，直到音乐的生命源泉彻底枯竭。

尼采非常注重音乐的阶段性衰落。早期的索福克勒斯在人物的性格和心理描写上下功夫，削弱了神话的感染力，但尚未触及音乐领域；后来的欧里庇得斯侧重人物的心理描写，音乐成了悲剧中的"兴奋剂"；新戏剧出现后，酒神文化被人们逐渐抛弃，音乐精神从此一蹶不振。

取而代之的音乐反对酒神文化，并且以毁灭神话为己任。新时代的音乐家们相信，人类自身的精神力量可以取代"上帝的抚慰"，或者说他们相信"知识能够改变世界，科学可以指引人生"。于是，音乐的地位被大幅降低，最后彻底沦为歌词的附庸，一些表演者甚至抛开音乐，用半说半唱或者干脆用独白来表现歌词。

随之改变的是可怜的观众，他们被创作者和表演者强行灌输音乐内容，即便是经验丰富的专业人士，也顾不上欣赏和感受音乐之美，这显然与古希腊悲剧文化背道而驰。其实，音乐和文字都具有自己的特性，如果音乐能够被文字完全替代，或者文字能够被音乐完全替代，那么它们中早就有一个消失不见了。

在尼采看来，这种不伦不类的艺术创作，属于纯粹的门外汉行为。他们带着盲目的乐观主义改造艺术，实际上却是在践踏真正的艺术，同时创造着空洞乏味的新艺术。诚然，对于一种事物的革新能够让它变得更好，千百年来我们能够看到的也大多是各种成功，但谁也不敢保证革新不会带来深重的灾难。

对此，尼采毫不留情地指出：当歌词成为"主人"之后，音乐会不可避免地沦为"奴隶"，就好像歌词是灵魂而音乐是肉身一样。显而易见，这种做法让音乐远离了酒神文化中的光辉形象，转而变成各种粗俗的线条，然后凭借简单的扭动来激起人们浅薄的快感。

对此，尼采直言不讳地说："现代社会并不适合艺术生存和发展。"他认为，当时由批评家而不是艺术家掌控着剧场，记者而不是学者掌控着学校，报纸而不是书籍掌控着社会，艺术则只能沦为人们茶余饭后的谈资。于是，尼采开始考虑推翻并重建一切价值体系，可惜由于时机的不成熟而被迫搁浅了，但尼采的观点也为后来的存在主义和后现代主义奠定了理论基础。

尼采创作《悲剧的诞生》，乃是进行纯粹的审美评价，因而审美价值就是他所推崇的最高价值，其他如宗教、道德和科学等理论，都被他视为异类，是阻碍艺术发展的因素，艺术创作者必须保持高度警惕。尼采的独特视角确实发人深省，但是他在书中的相关表述并不深入，大部分批判甚至仅限于文艺范畴。

尼采的另一个观点是，古希腊悲剧的精神源泉并非来自内心的祥和与平静，而是恰恰相反，来自内心的矛盾与冲突，也就是酒神和日神的对立统一。前面已经说过，酒神狄俄尼索斯是原始、自由和奔放的化身，而日神阿波罗则是现实、理性和秩序的化身。这两位神灵的对立统一给人类以极大影响，有滋有味地做梦和壮丽快慰地演戏，成为人们陷入迷茫后的指路明灯。

此时，古希腊悲剧走向衰亡，科学知识取代了艺术体验，现实社会随之发生了一系列巨大的转变。问题是，当艺术带来的自由和奔放被取缔后，由科学带来的束缚和制约开始无处宣泄，人们的生活不可避免地走向了无情趣、无意义，甚至无尊严。在这种情况下，人们只能在美好的回忆里得到一丝喘息机会，呼吁古希腊悲剧回归的声音逐渐变响。

新时代的降临，让人们得到了理性化训练，大家开始不习惯用眼睛去感受色彩，用耳朵去感受声音，以此来让自己的生命本能产生冲动，而是想要看个明白，听个清楚，然后在理性的范畴内深入地挖掘思想内涵。结果，不但很多事情越来越糊涂，艺术美感也消失得无影无踪。

更加严重的问题是，当艺术刺激停留在感官层面，而不是进入灵魂深处，人类会变得越来越野蛮，世界也会变得越来越丑陋。当然，凡事有利必有弊，当艺术日益匮乏，人们对于艺术的渴求也就变得越来越强烈。尼采正是看到了这一点，才提出了自己的艺术理论，从而因势利导地对艺术发展进行拨乱反正。

谁都无法否认，人类一旦失去想象力，艺术就会失去生命力，因为想象力永远是艺术的生命之源。尼采在此指出，一个没有坚定信仰的文明体系，注定有一天会耗尽自身的所有资源，然后寿终正寝。也许它可以吸收其他文化来补充血液，但这"血液"会改变它的基因，最终也会让它变得面目全非，人们的价值体系也会变得混乱不堪，就好像是眼下的现代剧一样。

尼采的预言在今天终于成谶，快节奏的生活让现代人越来越紧张，生存空间的变小让现代人越来越焦虑，大量信息的爆炸也让现代人越来越彷徨，安静、淳朴和美好的生活成为遥远的回想，金钱成为人们衡量事物价值的标尺，物质生活的充裕让精神生活越来越无地自容。

由于竞争无处不在，人们非但不愿与陌生人接触，连与熟人交往也成了负担。于是，人们变得越来越孤独。处在这样的社会环境中，卑微、无力、恐惧和焦虑等负面情绪会如影随形，每个人都在渴望艺术却不可得，每个人都在追求爱，却又对爱恐惧和逃避。

尼采想要复兴古希腊悲剧，他在自己的书中提到："展望未来的一百年，大家一定会看到，那些违逆自然和亵渎神灵的人都将被消灭。我预言，酒神狄俄尼索斯会再次成为人们争相膜拜的对象，悲剧时代也会如期到来。到那个时候，艺术活动会重现辉煌，人们的精神生活也会再次充裕。"

尼采同时还预言，德意志民族会成为推翻苏格拉底科学理论的英雄，他们会以古希腊悲剧为蓝本，创造出一种新的悲剧文化。在尼采眼中，德意志是个非常杰出的民族，酒神文化深入他们的骨髓，而且他们热衷于向希腊人学习，比如歌德和席勒发起的德国古典文学运动，就是在向古希腊人致敬，尽管他们的研究还没有深入悲剧文化的内核。

在众多哲学家中，尼采最推崇的人除了叔本华就是歌德。他认为歌德揭示了苏格拉底科学体系中的漏洞，从而战胜了苏格拉底的乐观主义精神，悲剧文化由此绝处逢生，人们的最高信仰不再是科学而是智慧，新的价值观和艺术观随之诞生，德国哲学和德国音乐也开始以一种全新的姿态傲立于世。

客观来讲，德意志民族很好地延承了古希腊悲剧文化，只是由于长期遭受外族入侵，这种特性才没有完全表现出来，这也让他们长期生活在绝望之中。随着古希腊悲剧主义的卷土重来，德国精神注定会在古希腊悲剧的基础上发出万丈光芒。还有一个不得不提的艺术元素音乐，经过路德派的改革，德国音乐已经在本质上获得了古希腊悲剧古老而神秘的力量。

从巴赫到贝多芬，再从贝多芬到瓦格纳，酒神文化在德国苏醒的迹象显而易见。尽管受到来自各方的压力，它仍旧一往无前，以星火燎原之势展现着古希腊悲剧的魅力。尼采特别提到瓦格纳的音乐剧，认为他的作品是新悲剧时代的"启明星"，是酒神文化和日神文化的完美融合。

难咽的苦果

为了完成《悲剧的诞生》一书，尼采可谓呕心沥血，耗费了自己的大量时间和精力，甚至在创作过程中透支了自己的健康。当然，与付出的巨大代价相比，尼采更关心这本书为世人创造的价值，以及世人对自己的认可。1872年1月2日，《悲剧的诞生》一书终于得以出版，尼采拿着出版社寄来的样书，就像抱着自己刚刚出生的孩子一样激动不已。

回忆这本书的创作过程，尼采的头脑中可谓思绪万千，思想郁结时的愁苦愤懑、豁然开朗后的激动不已，此刻都化成了涓涓细流，在他的心房中静静地流淌着。虽然尼采对于这本书已经尽了全力，但是他仍然觉得书中有很多地方可以更加完善，因而直到交稿的前一天晚上，他还在进行最后的修改。

对于思想家来说，他最担心的不是别人的批评，而是寂然无声的冷落。因此，书出版后，尼采仍然久久不能平静，他希望此书受到越来越多的人关注，更希望能够得到最真实的评价。因为只有这样，《悲剧的诞生》才能实现它的价值，自己的付出也才能具有相应的意义。

尼采最先收到的是瓦格纳的表扬信，瓦格纳怀着激动的心情对《悲剧的诞生》给出高度评价，称之为"我所见过的最好的书籍，书中的一切都臻于完美"。前面已经提到过，尼采对于瓦格纳的音乐非常推崇，并且在《悲剧的诞生》中也表现出了这一点。换句话说，瓦格纳是这本书的受益者，因而他的高度评价并没有在尼采心中激起太大波澜。

让尼采感到欣喜的是，瓦格纳的妻子柯西玛对《悲剧的诞生》做了深入分析，所做的一些评价也非常中肯和到位。该书出版两周之后，她给尼采写信说："书中的很多观点就像是上帝派来的精灵，轻轻敲打着我的灵魂。我相信，这本书不仅出自大师之手，而且会孕育出很多未来的大师，请允许我代表全人类向你表示感谢和祝贺。"

尽管如此，尼采还是很快意识到了问题所在，那就是关注此书的人多半都是自己的亲戚朋友，尼采最关心的学术界却好像通了气似的集体保持缄默。要知道，按照尼采自己的设想，《悲剧的诞生》应该"一石激起千层浪"，无论是普通民众还是学术专家都围绕这本书展开讨论。

怀着忐忑的心情，尼采给自己的恩师里奇尔写了一封信："如果人类在一个世纪内能够得到什么希望，那么它一定就是《悲剧的诞生》，人们将会在书中找到古代科学和德意志民族的本质。现在，我最敬爱的老师，请你告诉我，为什么最应该认清这一点的学术界竟毫无反应？"

里奇尔当天就给尼采回了信，而他在信中却仅仅写了三个字——自大狂。一边消受恩师给自己泼来的冷水，一边翻开学术性报刊的评论，尼采还真的发现有一篇评价该书的文章，但文章的内容却是："不管作者是谁，当他写了这本书之后，他的学者生涯就算是画上句号了。"

面对这样的揶揄，尼采耐着性子没有做出回应。令他庆幸的是，好心的罗德出面为尼采收拾残局，他在专业刊物上撰文称："《悲剧的诞生》是一部关于哲学和艺术少有的杰作，它丰富了当下的哲学和美学。"

总而言之，《悲剧的诞生》在当时显然不被大众接受。年仅24岁的语言学博士维拉莫维茨首先发难，撰写长篇评论文章批驳尼采的观点，同时维护以苏格拉底为代表的古代科学。这位年轻人棱角尖锐，他不仅在理论层面和尼采针锋相对，而且攻击《悲剧的诞生》是尼采为瓦格纳写的赞歌。

为了证明自己的观点，维拉莫维茨甚至对尼采的专业知识提出质疑，他引述一系列著名学者的观点，把尼采"塑造"成了毫无文学常识的不入流学者。致命的是，维拉莫维茨的说法并非无稽之谈，尼采在引用一些资料的时候，确实在时间、数字和语法等细节上存在漏洞，而这些小问题恰恰是身为语言学博士的维拉莫维茨的强项。

事实上，尼采所注重的是哲学思想和艺术观点，维拉莫维茨所指出的漏洞并不影响这些方面的表达，但是维拉莫维茨仅仅抓住这一点，也确实是尼采无以反驳的，这自然让他愈发感到郁闷。

维拉莫维茨的做法多少有点为了反对而反对的嫌疑，这也正是苏格拉底逻辑思维的最大弊端。这一思维方式的信仰者总是尽力把一切事物归入逻辑之中，然后通过逻辑思维进行统一阐述。对于苏格拉底这样的大师来说，确实能够很好地做到这一点，但是对于后世的效仿者而言，往往会牵强附会，强行建立逻辑并归纳原理，从而忽略事物的本质。

面对后起之辈的非难，尼采该做出什么样的回应呢？在此，他表现出了大师级人物的应有风采，那就是道歉加反省。他写公开信表示："这（指《悲剧的诞生》）确实是一本有问题的书，它抽象难懂，热衷于想象，容易动情，有些地方还带有小家子气，节奏上也不够协调，更没有把逻辑理清。观点方面也过于自信，甚至有些天马行空，看上去好像是一本写给自己看的草稿。"

尼采能够放下姿态，自然赢得了很多人的好感，同时也让"维拉莫维茨们"的虚荣心得到满足，但是在内行人看来，尼采的"自我批评"根本就是隔靴搔痒，完全没有触及其哲学思想和艺术观点的本质，比如他说书中的内容抽象难懂，言外之意是"维拉莫维茨们"根本就是门外汉，他们的批驳也很肤浅；再比如他说书中的内容缺乏逻辑性，那是因为他本身就反对逻辑，如此自然不会注重逻辑建设，如此种种。

当然，尼采能够放低姿态，并不代表他的支持者们会缄口不语。瓦格纳首先发表公开信为尼采辩护，同时对维拉莫维茨进行露骨的贬斥，把前辈大师对后起小辈的不屑表现得淋漓尽致。不过，由于瓦格纳是音乐领域的专业人士，他的公开信虽然引起很大反响，但是对哲学和艺术领域的影响却非常有限。

接下来，罗德发表的文章就属于"重磅炸弹"了。他在1872年发表题为《伪语言学》的评论文章，直接将维拉莫维茨贬为愚蠢和虚伪之辈，驳斥他在没有弄清《悲剧的诞生》主旨的情况下，就对尼采的哲学思想和艺术观点横加指责，这不仅是对作者的不尊重，同时也是对学术思想的不负责，应该得到有良知和有智慧的民众的审判。

面对罗德的攻击，维拉莫维茨倒是保持了理智，他认为罗德对尼采的维护是出于朋友的道义，已经超出了学术讨论的范畴，因而没有将这次论战继续下去。应该说，维拉莫维茨的选择是明智的，因为一旦论战继续下去，他势必引起更大程度和范围的反驳。而在当时，反对尼采哲学思想和艺术观点的老一辈学者不在少数，他们却并没有发出声音，不发出声音不代表他们不反对，他们的方法是推出一个无足轻重的小辈来代表自己发声，维拉莫维茨不过是他们的一支"枪"罢了。

无论如何，对于尼采来说，此次论战带给他更多的还是负面影响，一方面他的哲学思想和艺术观点没有得到应有的回应，另一方面还落得个缺乏语言常识的评价。罗德作为老一辈学者，赤膊上阵和后起之辈维拉莫维茨论战，也不可避免地损害了形象。至于尼采最推崇的音乐家瓦格纳，也在这次论战中元气大伤，这自然也对他的音乐事业造成了负面影响。

客观来讲，尼采从来没有以语言学家自居。他对于古希腊神话的研究从未有过深入的考证，基本上只停留在哲学采证的层面。何况，《悲剧的诞生》并没有按照惯有的学术规则行文，尤其抛开了逻辑思维和理性主义的传统。换句话说，尼采在成书之初就决意打破学术常规，因而他对于学术界的消极反应也早就做好了心理准备。

就这样，《悲剧的诞生》令尼采得罪了哲学界人士，同时也受到了语言学界的排斥，这样的苦果是他必须下咽的。接下来的事情是他始料未及的，学术上的失败已经造成沉重打击，现实生活中的遭遇让他的苦闷雪上加霜。在巴塞尔大学，尼采精心准备了一堂哲学课程——希腊人和罗马人之间的辩论术，然而在《悲剧的诞生》一书出版后，他的学生人数迅速减少到两人，而且还是其他专业的旁听生。

截至1873年，在哲学界的暗中影响下，巴塞尔大学的哲学生纷纷离校，转而到其他大学就读。面对如此境遇，尼采的心绪之复杂可想而知，当年自己被巴塞尔大学录用并破格升为博士的场景还历历在目，此时却被如此冷落。对于一位伟大的思想家来说，没有什么比如此强大的现实落差更可怕的了，明天的路该何去何从，也成了摆在尼采面前的一个颇为棘手的问题。

第四章　走上新的道路

　　《悲剧的诞生》让尼采结结实实地撞了一回"南墙",学术界没有给这位年轻教授表演的舞台,他们集体保持缄默,妄图以此逼迫尼采回到循规蹈矩的队伍中,从而让学术界保持风平浪静。学术界的泰斗们毕竟低估了尼采的能量,在受到如此无礼的对待后,他非但没有选择屈服,反而发出了愤怒的吼声。他要把自己的思想铸成利剑,刺破整个世界的虚伪面纱,逼着那些尚有良知的学者发出声音。

—— 无力的挑战 ——

尼采准备对学术界发起反击，正在不知从何下手之际，大学协会给他发来邀请函，希望他对德国的教育现状发表评论。尼采立即意识到，这是一次难得的良机，因为他可以借着这次报告公开向民众表达自己的观点。除了形式上的转变，尼采对哲学的思考也从古典文学走向现实，通过分析一些大家关心的当下话题，重新焕发出德意志民族的精神。

为了不使自己的声音过于尖锐，尼采在报告中使用了柏拉图的对话体，不温不火地把带有民族主义特色的德国精神宣扬出来。这一次，他抛开学术界的大师们，直接把矛头对准教育、科研和新闻机构，而这些机构对于民众思想无疑都具有启蒙意义，更为重要的是，德国的教育从来都是和政治密不可分的，身为哲学家的尼采对此心知肚明。

1808年，费希特曾把普鲁士的解放和教育体制改革联系在一起，认为这样可以为国家培养有使命感的领袖，以及紧密围绕在领袖身边的民众。1829年，身为柏林大学校长的黑格尔积极响应政府号召，实现了教育国家化。1840年，国王威廉四世完成了德国教育的军事化改革。1870年爆发普法战争之后，国王威廉一世通过《学校基本法》，用于调和国家、宗教和民众之间的矛盾。在此之后，德国建立了完整的教育体系，教师受到严格的训练和挑选，以确保学校能够培养出效忠国家的人才。

尼采认为，近现代哲学家必须着手解决两个问题，一是结合社会现状改造其固有文化，二是将改造后的文化推广给社会民众。因此，哲学家应该成为社会文化的创新者和引领者,这就要求哲学家必须加入教育文化的建设中去。具体来讲,尼采比较推崇柏拉图的教育等级制度,他强调真正传承和创造文化的是少数天才,因而这部分人应该接受特殊教育,而普通民众则只需要服从他们的意志,当然这一点也要通过相应的教育来实现。

此外,尼采继承了卢梭的教育理念,认为人类的自然状态应该受到教育保护和激发,因而不能让国家和宗教的力量介入。但是,和卢梭的自由平等观念不同,尼采认为人生来就存在差异,只有制定符合其生命力的等级教育,才是真正的自然状态。这显然融入了不平等的教育观念。

对于德国当时的普遍教育,尼采认为其表面上平等,实际上却压制了天才的本性,同时浪费了大量教育资源给那些没有培养价值的人。这样一来,教育的所谓平等实际上被现代文明异化了,它不仅不会让人类走向成熟,相反还会让人类走向堕落。从这个观点来看,基督教的所谓人生而自由平等,是在用神性和理性压制人性,是人类社会文明的最大破坏者。

与此同时,尼采对德国当时的教师队伍也提出质疑,认为他们本身就没有受到良好的教育,这些人大多只掌握了初级的文化知识,因而无法在古典文化中找到思想净土,指望他们教出天才和伟人简直是滑天下之大稽。不过,尼采的观点在此陷入自相矛盾,天才究竟是与生俱来的,还是后天被老师培养的?他并没有做出明确论述。

尼采的另一个教育观点是加强体育培养,通过必要的生理和卫生教育,让学生拥有强健的体魄。为此,他攻击当时的德国教育过于注重知识传授,而忽略了身体作为知识载体的重要性。为了增强说服力,他还提出要培养学生的审视、思考和表达能力,并且认为这才是激发人类智慧的根本。

其中,审视能力是指使用感官分析和判断外部环境,这是人们进行思考的首要前提;思考,就是在正确接受外部信息之后,进行的下一步分析推理。其中,思考力的培养同时还需要注重忍耐力、意志力和精神力的培养,这些都有助于思考;至于表达能力,尼采反对学校只教希腊语,他认为这种语言过于书生气,应该多教授一些地方语言,特别是要让学生熟识本国的母语。

具体的主张包括加强贵族学校的古典教育，激发其"德国精神"，如此才能让学校成为天才的摇篮。尼采在评论中提到，只有牢牢抓住"德国精神"这一根本要素，才能让教育体制在改革之后走上正轨；同时他还指出，"德国精神"蕴藏在德国音乐之中，因而加强学校的音乐教育同样重要。

在最新一期关于德国军人国家忠诚度的调查报告中，证明了德国军人中间弥漫着一股厌恶社会文化的气息，尼采将这种社会文化称之为"假文化"。为了消除这种负面影响，必须从学校教育开始着手，而学校的教育则必须用真正的"德国精神"作为指路明灯。在尼采的论述当中，当时的德国教育正处在十字路口，人们面临的选择只有两种，其一是在"德国精神"的引领下重塑辉煌，其二是在当下的沉默中滑向迂腐僵化。

值得庆幸的是，尼采的观点得到了巴塞尔市人民的拥护，他在全市各个场所的演讲都是座无虚席。年轻而富有才华、充满激情、具有忧患意识和改革精神，这是巴塞尔市民对尼采的普遍评价，也是尼采从理论走向实际后得到的最大肯定。这个时候，尼采已经不再关心学术界对自己观点的反应，热情高涨的民众已经让他感到心满意足。

应该说，这次系列评论和演讲对尼采的学术生涯意义重大，尽管对于他自身的思想建设并没有太大作用。尼采以文化批评者的身份面对民众，将《悲剧的诞生》的很多观点成功推广给了巴塞尔市民，从而使自己的哲学思想和艺术观点获得了民众基础。这堪称华丽的转身，其实也是尼采学术的自然蜕变，因为他向来关注社会体验的巨大作用，从来不甘于做一名普通的大学教师。

同一时期，还有一件事让尼采感到欣慰，那就是他的好友瓦格纳终于迎来了其音乐事业的春天。由于天赋异禀，再加上多年的辛勤耕耘，此时的瓦格纳已经在整个欧洲享有极高的知名度。在众多的粉丝当中，甚至包括巴伐利亚的国王路德维希，他也是瓦格纳进行音乐活动的主要支持者。

为了让自己的音乐剧能够随心所欲地演出，瓦格纳决定迁往拜罗伊特（德国东南部城市），并且计划用6年的时间在那里建造一座剧院。拜罗伊特是"德国精神"的主要发祥地，瓦格纳用这样的形式传递音乐，也是想为德意志民族创造一片精神乐土。从这一点上来看，瓦格纳和尼采真可谓志同道合，他们都想为人类社会做点什么，只是具体的实现手段略有不同而已。

不过，对于瓦格纳而言，他的事业才刚刚开始。建造剧院的工程量巨大，所需花费堪称天文数字，因而即便有巴伐利亚国王路德维希的支持，瓦格纳还是需要自行解决一部分经费。得知这一消息之后，尼采立即将自己的所有积蓄拿了出来，并且还从自己的妹妹那里借了不少。接下来，尼采顾不上偿还妹妹的欠款，便开始到全国各地进行密集的巡回演讲，为瓦格纳积极筹措经费的同时，还不遗余力地为其音乐事业进行宣传。

眼见瓦格纳的事情迟迟得不到根本解决，尼采甚至想要放弃工作，亲赴拜罗伊特去帮助瓦格纳，但是他的这一想法遭到罗德和妹妹的坚决反对，因为他们觉得尼采和瓦格纳毕竟存在专业上的差异，即便尼采辞掉工作去帮他，实际上起到的作用也不会很大。何况，以瓦格纳的巨大成就和影响力来说，经费的解决只是个时间问题。稍许冷静下来之后，尼采也意识到自己的想法有些冲动，因而最终听取了妹妹和罗德的建议，但瓦格纳的事业崛起还是让他久久不能平静。

瓦格纳搬家的那天，尼采早早地赶过去帮他收拾行李，这也是他对瓦格纳最真挚的送别方式。直到送走瓦格纳，尼采才蓦然意识到自己的心里空了一处，因为在长期的深入交往过程中，尼采已经对瓦格纳产生了相当程度的精神依赖。他回想起和瓦格纳一家共处的美好时光，几乎找不出语言来形容那段日子的美妙，现在就只剩下他一个人独自徘徊在清冷的城市一角了。

很快，瓦格纳的资金问题顺利得到解决，拜罗伊特大剧院的建造也就此提上日程。奠基仪式那天，尼采应邀参加，他那瘦弱的身影夹杂在各色名流之间，显得那样扎眼。在宴会上，尼采唯一熟悉的人就是瓦格纳，但是作为当天的主角，瓦格纳用来接待尼采的时间非常有限。望着迎来送往的瓦格纳，尼采虽然一再劝慰自己，但还是感到了前所未有的冷落，内心深处有一个声音不断问他：你的事业呢？你的价值呢？

触景生情，尼采忽然发现自己是一个彻头彻尾的失败者，就连自己最好的朋友瓦格纳也在渐渐远离自己。自己是出了一本书，但是并不被学术界接受，甚至还莫名其妙地惹恼了语言学界。尼采一直把哲学和艺术视为自己的生命，他认为自己就是为哲学和艺术而生的，但哲学和艺术却似乎并不喜欢他。

闲来无事，尼采鬼使神差地创作了一部二重奏——《曼弗雷德冥想曲》。可是，当他把精心创作的曲谱拿给音乐家汉斯·冯·毕洛夫时，对方居然当着他的面扔进了垃圾筒，并且不向他做出任何解释。尼采的沮丧感进一步加深，他甚至觉得自己创作音乐的行为不免有些可笑，拿给别人去看也无异于自取其辱。

学校的情况也仍旧令他一筹莫展，课堂上只是偶尔出现几个愣头愣脑的学生，当他们弄清眼前的教授是尼采时，就会立即消失得无影无踪。能够在这样的情况下继续教学，尼采也不知道自己的动力来自哪里，也许唯一的理由只剩下没有别处可去。越来越多的时候，尼采只是独自躲在宿舍里静静地发呆，与他做伴的只有孤寂和落寞。

屋漏偏逢连夜雨，时运不济的尼采居然又遭病痛袭扰，痔疮、头痛和失眠等顽疾一并发作，弄得他终日痛不欲生。好友罗德暂时抽不出身，妹妹伊丽莎白赶来照顾他，这才让尼采的心里稍微好过一点。在医生和妹妹的帮助下，尼采的身体渐渐康复，他对于生活和事业的信心似乎也开始慢慢积聚。

然而，尼采的信心只是故意表现出来给妹妹看的，因为他不想让妹妹太过于担心自己。在内心深处，尼采仍然陷在深重的痛苦之中无法自拔，他想要建造的古希腊式的精神乐园，最终成了让他透不过气的负担。终于，最严重的事情发生了，尼采对自己和人生产生了质疑，他开始觉得自己不属于当下的时代，他的抗争也注定泯灭在历史的长河里。

凤凰涅槃

当一个人的运气跌到最低谷时，或者说当事情坏到不能再坏时，接下来就会有好事发生了。对于尼采来说，当他被生活边缘化之后，至少得到了一个好处，那就是生活越来越安静，空闲的时间也越来越多，这自然给了他无限思考的空间。既然别人不要求自己做什么，那就只有自己主动去找点事做了，抱着这样的平和心态，尼采重新翻开了古希腊哲学的相关著作，他要对古希腊哲学进行深入和系统的研究。

就哲学而言，尼采毕竟不是科班出身，因而他虽然有着傲人的哲学天赋，以往的研究却过于随心所欲。他不注重正统的事实材料，往往只是引用一些当代学者的观点，哲学的逻辑性由此被他扯断。对于自己哲学系统的组建，他更像是一个玩积木的小孩，由着自己的性子去各个时代的哲学家那里挑选理论，然后组装成自己想要的理论。这种拆卸和组装的快感让尼采乐此不疲，但过量的摄入和胡乱的选择，却让他的哲学思想和艺术观点渐渐失去了系统性，同时也没有建立起真正的内核。

认清这一点的尼采很快意识到，哲学的孕育和产生需要特定文化。希腊人拥有健康的体魄和敏感的心理，这为其产生哲学思想创造了得天独厚的条件。他们善于学习和创造，更善于及时享受学习和创造的成果，因而其文化能在慵懒散漫和贪得无厌之间得到很好的调剂。凭借健康的精神和体魄，他们建立了完美的生命体，接下来对生命的思考和判断也远远领先于其他民族。

尼采研究的对象主要集中在柏拉图以前，包括泰勒斯、阿拉克西曼德、赫拉克利特、阿拉克萨格拉、恩培多克勒、德谟克利特和苏格拉底等，这些人的思想和观点基本组成了柏拉图以前的西方社会哲学史。对于柏拉图，尼采认为他是最早的集大成者，因为他的思想和观点兼具了以上所有哲学家的思想和观点，这自然也会让他创造出更加伟大的思想和观点。

当然，尼采并没有完全推翻《悲剧的诞生》，在哲学认识方面，他仍然推崇非理性的直觉主义，反对理性化的抽象主义。在当时的哲学家看来，即便是最具个性的事物也要推理出抽象概念；而在古希腊人的文化中，即便是最抽象的概念，也要找出其个性所在。这种强调直觉和个性的观点，也在后来成为尼采的主要研究依据，并且成为其最核心的哲学思想和艺术观点之一。

对于哲学的研究，尼采还有一个和以往不同的地方，那就是他没有继续直接研究哲学名词和概念，而是开始从研究哲学家着手。在他看来，哲学虽然先于哲学家出现，但是哲学家的出现才让人类逐步认清哲学，所以对于后世的研究者和全人类来说，哲学家反而先于哲学出现。对于这个"先有鸡还是先有蛋"的问题，尼采给出了自己的明确观点，这对再后来的研究者具有重大影响。

这样一个看似微不足道的改变，实际上标志着尼采对于哲学认识的转变，因为他发现语言学在哲学研究中并非可有可无，而是具有非常重要的作用。这种转变还表现在尼采对哲学家的定义上，他以前觉得哲学家就是一些能言善辩和思维敏捷的人，而随着对古希腊文化研究的深入，他发现古希腊人对哲学家早有定义，即"哲学家是一群品尝、区别和辨选能力极强的人"。

就这样，尼采对哲学的认识在本质上得到加深和加强，这也让他对依靠直觉把握事物内核，并且通过音乐和艺术表达哲学的方式更加自信。至于其他的一些哲学研究名词，如辩证思维、演绎思维和归纳思维等，不过是哲学家向世人解释哲学的方法，普通人可以通过这些方法认识哲学，但是他们却不能通过哲学来认识万物，这也是哲学家和普通人的区别所在。

这里还衍生出一个普遍的概念，即艺术和哲学是无法通过语言来表达的，就算表达也无法精确定义，因而必然带有表述上的模糊性，所谓"只可意会不可言传"。不过，尼采并没有因此滑向"虚无主义"，他认为人类还是应该尽可能地去揭示万物奥秘，而不是一味地"打哑谜"。

关于阿拉克西曼德，尼采认为他是个悲剧哲学家，从他对崇高沉思的迷恋可以看出这一点。阿拉克西曼德有一句名言——"事物生于何处，就会毁于何处。"尼采对此的解读是，事物的存在带有确定性，但事物为何而来却带有不确定性，或者说事物从不确定性而来，最终又归于不确定性。至于如何解读事物产生之后的不确定性，尼采认为这是一个无解的谜题，会一直笼罩在人类的心灵之上。

在很多人看来，赫拉克利特是个蹩脚的哲学家，因为他的观点往往不知所云。尼采却给出了不同见解，他认为赫拉克利特的"不知所云"，正是其具有非凡直觉思维的表现，而且这种直觉并不是凭借经验获得的，而是纯粹的时空意义上的直觉，只有真正的天才才能拥有这种非凡能力。对于一个深具智慧并拥抱真理的人而言，无论如何也不愿迎合世俗的眼光，因而赫拉克利特的哲学注定是孤傲的。

与赫拉克利特的哲学相比，巴门尼德的哲学更加"冰冷刺骨"，他对事物进行了纯粹的抽象分析，并创造了"存在学说"。尼采认为，所谓"存在学说"，就是把世间万物归纳为正面和反面两大类，反面事物的存在完全是为了表明正面事物的缺陷。如果用专业的术语来讲，就是"存在"和"不存在"，当这两类事物产生碰撞之后，全新的事物也就随之产生了。

在此，尼采发现了爱神的力量，对她的力量加以发扬。在古希腊神话中，爱神指的是阿佛洛狄忒，同时她也是美神，位居奥林匹斯十二大神之列，主管人类的爱情、婚姻和生育，以及世间万物的生长。在尼采看来，阿佛洛狄忒是巴门尼德哲学思想的象征，因为她最擅长撮合处于对立面的事物（比如男女），也就是"存在"和"不存在"的事物，然后让它们产生新的事物。

巴门尼德在西方哲学史上地位极高，尤其受到黑格尔的推崇，被认为是真正的哲学的起源。可惜在尼采看来，巴门尼德的观点根本经不起推敲。尼采认为巴门尼德的哲学思想是一种"反逻辑"，而且他的观点不仅是静止的，也是超时空和超感官的，这种观点自然会排斥人们进行各种生命体验。

按照巴门尼德的说法，人类的认识错误并非来自思想，而是来自感官系统（如眼睛和耳朵）造成的各类错觉，因此只有抛开感官系统，转而依靠逻辑推理和抽象思维，才能认清世间万物。尼采认为，这种观点把感性和理性、精神和肉体完全割裂，实在太过天真，因为如果人类能够完全摆脱精神和欲望，将会变成连动物都不如的机器和木偶，人类社会也将失去前进的动力和可能。

除此之外，尼采还批判了黑格尔和贝内克的观点，因为他们对哲学的论述都建立在巴门尼德学说的基础上。尼采提出的观点是，人类总是按照自己的观点去审视万物，而这种方法总会掺入理性和非理性、逻辑和非逻辑的因素，因此一味地强调理性和逻辑，完全剔除非理性和非逻辑是行不通的，当然也是不可能的。

经过如此一番论证，尼采实际上变相证明了叔本华的思想，同时也为自己的古希腊悲剧理论找到了哲学依据。1873年4月，尼采的新作《希腊悲剧时代的哲学》创作完成，这也标志着他的生活终于走出阴霾。可是，当他抱着该书的手稿匆忙赶到拜罗伊特，想要让瓦格纳一睹为快时，对方的反应却给他浇了一盆冷水。

原来，此时的瓦格纳还没有从建造大剧院的兴高采烈中走出来，虽然他挤出时间接待尼采，却显然更愿意和尼采聊聊大剧院的事。于是，两人一个聊音乐，一个聊哲学；一个聊大剧院，一个聊新书，话题完全不在一个频道上。本来，尼采的心头有些不悦，但是看到瓦格纳满脸倦容又满心欢喜，实在不愿影响他的兴致，因而只能强颜欢笑，任凭二人之间的话题渐渐过渡到正在兴建的大剧院上。

然而，当尼采静下心来听瓦格纳讲些什么时，忽然发现眼前的这个人有些陌生，他完全没有关注自己的感受，而且所说的话题和音乐越来越远，这让尼采渐渐选择了沉默。瓦格纳似乎一点都没有察觉到尼采的表情变化，一直滔滔不绝地说着如何通过社会关系和个人能力筹到一笔巨款，如何亲力亲为地推动一项大工程。

尼采已经有起身道别的打算了，但瓦格纳的表情忽然黯淡下去，转而说到自己目前的处境并不如意，工程款迟迟不到位，工人消极怠工，已经建成的部分又有很多地方不够理想，总之事情并不像之前想象的那么顺利。尼采转念一想，也许是自己有些自私了，新书的事固然很重要，但是和瓦格纳正在兴建的大剧院相比，轻重缓急到底还是差一些，自己长时间以来没有关心过瓦格纳建大剧院的事，却还在这个时候来烦他，朋友的义务看来并没有尽到位。

这样一想，尼采便开始替瓦格纳担心起来，时不时地还出言安慰一下。但是，在尼采的内心深处总感觉有些不是滋味，那个曾经对自己关怀备至的瓦格纳不见了，那个曾经一谈起音乐就停不下来的瓦格纳也不见了，这让尼采觉得自己和瓦格纳已经走上了完全不同的两条道路。在回瑙姆堡的路上，尼采不免有些神情恍惚，尽管他极力说服自己，萦绕在心头的惆怅还是挥之不去。

值得欣慰的是，尼采对哲学的研究终于上了一个新台阶，这也让他看清了自己未来哲学研究的方向。事实上，从众多古希腊哲学家的身上，尼采不仅汲取了丰富的哲学能量，而且也得到了激励。古往今来，但凡能够取得成功的人物，哪怕天赋异禀，也要经历千辛万苦的磨难。这些所谓的磨难在普通人看来痛苦不堪，而哲学家们由于保持了良好的心态，对此过程却是乐此不疲的。

同时尼采还发现，有所建树的大师级人物通常淡泊名利，而且在人际关系上也不做建树，以便给自己的学术研究留出充裕的时间和安静的空间。于是，尼采决定效仿这些先哲，跳出人世的烦扰，去过一种自我放逐的生活。这样一来，对于如何处理自己和瓦格纳之间的关系，尼采也找到了理想的方法。

在写给另外一位友人的信中，尼采这样说道："没有人比我更关心瓦格纳，但是我清楚地认识到，必须给自己留出足够的空间，这对于我的学术研究作用甚大，当然也有利于我的精神和身体健康。"应该说，尼采正在一步步走向自己的内心。这样的精神苦旅能更好地走上大师之路，却也让他的灵魂越来越孤寂，以至于长期处在煎熬之中。

重生之后

时间进入1873年,尼采在怀疑和批判之路上继续前行,这其中发生了一项重大转变,就是尼采怀疑和批判的对象从历史转向了现实。随着身体状况的恶化,尼采对于生命的感知越来越敏感,对于外界批评的反应也越来越强烈。正是在这样的环境中,他完成了一部新的作品——《不合时宜的考察》,这也意味着他的关注点从艺术转向哲学,批判对象也从德国教育转向全面的德国文化。

之所以将自己的新作冠名"不合时宜"4个字,是因为尼采想要表明,自己的学术研究不同于主流文化和官方意志。应该说,真正的知识分子,就应该像尼采这样勇敢地站在现实的对立面,把引领社会走向美好未来作为最高使命。恰逢这个时候,整个德国因为普法战争的胜利而"高烧不退",统治阶层利用民族主义打压不同声音,大批德国学术界的耆宿成了可怜的应声虫,主流文化成了统治工具。

尼采站在拯救德国精神的高度,决意与主流文化分庭抗礼,并且将矛头对准了一位重量级人物——大卫·施特劳斯。此人在年少轻狂时曾写就巨著《耶稣传》,揭露了历代《圣经》注释者编造谎言的事实,在当时引起极大轰动,也奠定了他成为哲学大师的基础。值得一提的是,这本书在很长一段时间内被列为禁书,但儿童时代的尼采还是躲在被窝里如饥似渴地把它看完。

当尼采准备向主流文化界"开炮"时,岁月已经悄悄流转了30个年头,施特劳斯也已经变得世故呆滞。在其新作《旧信仰与新信仰》中，施特劳斯完全违背了自己当年的信仰，其思想观点中处处弥漫着陈旧的宗教气息。按照施特劳斯的说法，普法战争的胜利不仅是德国军队的胜利，更是德国文化的胜利。对此，尼采不禁嗤之以鼻，因为这次胜利完全归功于德国人民的诚实和勇敢，而这两点可贵的品质几乎和当时的德国文化不沾边。

在尼采看来，德国确实战胜了法国，但是，如果德国想要成为真正伟大的国家，就必须建立优秀的民族文化，即建立在古希腊悲剧上的"德国精神"。事实是怎样的呢？德国虽然建立了统一的帝国，但帝国内王国林立，各国在政治、宗教和经济上自成一体，文化更是存在严重差异，甚至存在不可调和的矛盾。因此，德国人应该做的不是欢呼胜利，而是担忧前所未有的民族危机，因为德意志帝国很可能会成为"德国精神"的掘墓者。

诚如尼采所说，一个民族想要立于世界之林，必须形成稳健而特殊的文化，同时必须善于吸收其他民族的文化。眼下的德国，甚至缺少认清这种客观事实的勇气，以施特劳斯为代表的文化精英们，正在积极响应统治阶层的号召，怀着盲目的乐观主义，不遗余力地歌颂胜利。对此，尼采做出强烈抨击，对当时德国文化中的种种弊端进行无情揭露，他的做法被当时德国文化界反击为"对德国文化的屠戮"。

尼采毫不示弱，他发表公开声明说："我不要做整天做梦的傻瓜，而是要做枕戈待旦的勇士，随时准备为德国文化献出自己的生命。"声明一经发出，立即引起社会各界的强烈反响，因为尼采的话不仅刺痛了德国主流文化界，同时也伤害了德国民众的自尊心。即便如此，尼采仍然丝毫不准备让步，因为他坚信自己是正确的，甚至是伟大的。何况，能够引起如此强烈的社会反响，也慰藉了尼采那颗寂寥的心，或者说这正是他所期待的效果。

为了趁热打铁，尼采逆势推出了自己的又一部力作——《历史对生活的利与弊》，这也是他对德国历史和文化更加深入的批判。他在书中指出，"我们研究历史，是为了更好地生活，而不是为了更好地逃避现实"。当时的主流史学界认为，历史的研究应该为统治阶层服务。这自然引起了尼采的强烈不满。为了亮明自己的观点，尼采把矛头对准了黑格尔，抨击他"以史为主"的研究观点有悖自然规律。

尼采认为，历史是人的历史，因而一切历史研究都必须以人类为参考。如果把人类和所有事物混杂在一起，那么历史学家都应该改名为动物学家，或者随便冠以某种非历史学家的头衔。在尼采看来，人类至少和动物不同，因为动物只活在当下，受生命本能的驱动；而人类活在时间里，可以回忆过去和展望未来，从而让自己在当下活得更好。

人类的这一特性也具有两面性，除了能够帮助自己活得更好，也会在很多时候成为沉重的负担。比如，有些人会沉浸在对过去的美好回忆中，因而不愿面对眼前的现实；再比如，有些人对未来的构想脱离实际，因而在当下做出一些对自己有害的事。因此，人类应该首先认清自己的特性，然后利用好自己的特性，唯有如此才能不断发展壮大。

至于当时的主流史学界，正是陷在回忆里无法自拔，学者们把历史当成了慰藉精神的灵丹妙药，因而总是竭尽全力向历史求索。在尼采看来，人类在最初阶段是蒙昧无知的，基本上等同于今天的动物，彼时他们对社会及自身的认识非常有限，而后随着人类的不断进化，以及生存经验的不断增加，人类才逐步走向成熟。换句话说，从整条历史的发展轨迹来看，现代人的生存智慧应该高于古代人，因而现代人能够从古代人那里索求的生存智慧其实是有限的，同时必须进行必要的和精确的筛选。

既然如此，人类为什么还需要历史呢？尼采给出了如下解释：首先，野蛮和无知并不代表邪恶，只要进行正确引导，野蛮和无知的创造力并不在文明之下。也就是说，就创造力而言，今人有很多地方可以向古人学习。其次，古人的经验即便是错误的，也能够为今天提供有价值的参考，从而让今人最大限度地规避失败。再次，历史可以给人精神慰藉，尤其是大师一级的人物，他们往往只能通过书籍和同等级别的古人进行交流。古人创造文化，并且把文化传承下来，也会让今人心生使命感，从而效仿古人创造和传承文化的行为。最后，当今人展望未来的时候，同样需要遵循历史的轨迹，从而用发展的眼光去审视问题。

由此可见，人类需要历史，但是一旦态度失常或方法失当，反而会让历史变成毒药，危及眼下的生活。换句话说，当人类面对各种各样亟待解决的问题时，参考历史只是众多方法中的一个，而不是唯一的一个。对此，尼采提出了自己的观点，即研究历史要用"非历史"和"超历史"的眼光。

所谓"非历史"，就是跳出历史本身来研究历史。历史有其自身运转规律，但是认清这种规律需要建立专门的学科，从而让研究者避免受到历史情感的干扰。比如，有些人觉得某个历史人物和自己的命运相似，在研究过程中就会产生情感倾向，这样接下来的历史研究就会发生偏差。换句话说，历史研究要尽量保持客观性，既不能深陷历史之中，也不能单纯以今人的眼光去看待历史。

所谓"超历史"，就是在历史的发展规律上建立冷眼旁观的视角，不仅能够提炼出其中的发展规律，还要能够熟练地运用这种规律，从而解决今天的现实问题。另一方面，今人也不能把希望盲目乐观地寄托于未来，因为从某种角度来讲，未来并不一定比现在好。很多时候，未来的情况注定要比现在更糟糕，比如随着时间的推移，我们的生命会逐步走向终点。

因此，真正的历史观不是回忆过去，也不是展望未来，而是认认真真地活在当下。按照黑格尔的历史观点，历史是一个有机的过程和整体，人类在历史当中，必须遵循这种规律。尼采对此提出明确反对，他认为人类具有主观能动性，人性比历史性更能左右事情的发展，因而历史的发展规律只是一种参考，人的意志才是最根本的世界意志。

尼采同时还指出，人的意志带有很大的偶然性和随意性，所以从整体上来讲，人类并没有具体的目标。抛开文化赋予我们的种种信念，人类的生存意义很可能是虚无的，因为我们每个个体甚至整个人类，终有一天都会在地球上消失，或者说就连地球也会消失。既然如此，人类存在的意义又在哪里呢？尼采重新回到了艺术上，因为艺术能够让人类感受到莫名的精神愉悦，从而由衷产生"活着真好"的感触，而这也许就是生命的全部意义。

除了黑格尔，尼采还批判了哈特曼——黑格尔哲学的忠实信徒。他把人类的历史进行了阶段性划分,包括童年、青年、壮年和老年,并且认为当时的社会已经进入"壮年历史"阶段,是人类历史进程的制高点。在这一时期,人类的心智完全成熟,即使没有伟大人物的指引,也能够井然有序地生存下去。因此,人类不必期待伟人的出现,而应该静下心来反观自己的内心,直到自己的灵魂得到解放。

尼采当然反对这种消极的个人主义历史观,他认为人类历史就像一个舞台,芸芸众生是人头攒动的看客,伟人则是在台上尽情表演的明星。想象一下,如果没有明星在台上尽情地表演,看客的日子会多么无聊;而如果没有台下的观众,明星的表演也会变得毫无意义。千百年来,伟人和普通人就是这样各尽所能、各取所需,共同谱写了一台丰富多彩的"历史剧"。

事实上,尼采对于历史研究的批判和思考,同样保持着对德国命运的担忧。因此,面对腐朽的德国学术界,尼采并没有心灰意冷,而是转而把希望寄托在德国的年轻人身上。他希望凭借自己的努力,能够在这些年轻人心中种下伟大的种子,哪怕只有一颗生根发芽,德国文化也将孕育出强大的"德国精神"。届时,具有英雄气概的德国人将扫清一切腐朽,焕发出强大的民族活力,从而真正屹立于世界民族之林。

—— 决裂的加深 ——

本来,尼采以为《历史对生活的利与弊》一书会引起强烈反响,但实际情况却与他想象的大相径庭。除了学术界一贯的沉默,社会民众对这本书也反应平平,在出版后的将近半年时间里,居然只卖了200本。唯一让尼采感到欣慰的是,有一位名叫布雷兰特的学者对这本书进行了充分肯定和精辟分析,同时建议尼采把目光投向大学之外。

对于能够拥有这样的读者,尼采感到非常高兴,这也让他有了继续创作新书的动力。于是在1874年3月至9月间,尼采创作了《作为教育家的叔本华》一书,明确提出了对真正的教师的定义。书名虽然借用了叔本华,但尼采更多地是在阐述自己的思想,只不过引用叔本华的各种名词定义,更容易让人们理解他想要表达的意思。

尼采在书中提到,人都具有两面性,一面是自己的本性,另一面则是掩饰本性之后的社会性。其中,本性的主要表现为懒惰和胆怯,因而大多数人不愿把这两点展现给世人,而是想尽一切办法把自己"包裹"起来。如此一来,就不可避免地有了社会性,人们必须通过普遍的社会观念,让自己融入集体生活,以此来满足自己的安全感、存在感和成就感。

尼采认为,人最宝贵的是生命,因而必须成为命运的主宰者,活出自己的本真,按照自己的想法去生活。当然,任何人想要做到这一点都必须拿出足够的勇气,并且能够为自己的行为负责,如此才能走出一条人生的康庄大道。所谓教育,就是应该引导学生走上这样一条道路,从而让学生的个性和天赋得到保护和发展。

传统教育显然做不到这一点，作为曾经的学生和现在的教师，尼采深感现代教育对自己本性的束缚。学校里尽是一些头脑古怪的教授，以及陈旧腐朽的科目，学生在这里得到的不是如何面对人生，而仅仅是如何运用科学。结果，学生们虽然学到了很多知识，精神状态却越来越糟糕，直到最终被统治阶层异化为工具。

人们变得越来越古板和呆滞，生活的激情和创造的欲望渐渐泯灭，生存的意义和价值也就随之变得迷茫了。尼采认为，正是科学导致了这样的结果，因而全人类都在为日新月异的科学成就欢呼雀跃时，尼采却做出了科学缺乏人性化的批判。尼采的另一个担忧是道德教育的节节败退，当一个个饱满的道德形象被虚伪的、干瘪的，甚至是滑稽的道德形象取代，道德的社会价值也就开始悄然流失了。

在这种情况下，尼采认为只有叔本华式的英雄才能拯救世人，才能让大家那困惑和不安的心得到抚慰。当然，这里的叔本华，被尼采高度理想化了，叔本华实际上成了他的一个标签，但是这并不重要，世人需要一个怎样的叔本华，或者说对叔本华进行怎样的改造才能够拯救世人，才是最为关键的问题。

当然，尼采对叔本华的敬仰从未改变，他之所以把叔本华高度理想化，其实也是想用这种方式向叔本华致敬。从另外一个角度来讲，尼采也是在塑造一个高度理想化的自己，因为叔本华不仅是他崇拜的对象，实际上也是他模仿的对象，尽管尼采的主观意识当中可能并没有意识到这一点。因此，尼采不仅是在塑造一个理想形象，同时也是在用自己的生命捍卫一个理想形象，而叔本华不过是个形象的代名词而已。

在总结叔本华的坚韧性格时，尼采认为这是真正的哲学家必须拥有的品质，因为哲学家不仅要做聪明的思想家，而且还要做勇敢的实践者。尼采认为，当哲学家走向实践时，必然面临三重危险：

第一是孤独，天才的个性总是复杂多变的，他们往往会进入奇妙的心灵洞穴和精神迷宫，走不出来以至于自我毁灭，并不是罕见的事。第二是绝望，尼采告诫世人，无论进行怎样的努力，当生命消逝时，一切都将归零。换句话说，人生本来是无价值和无意义的，任何追求价值和意义的行为都是庸人自扰，当一个人意识到这一点的时候，危险也会向他逼近。第三是矛盾，天才既希望得到世人的认可，又认为世人很庸俗。因此，如果他们处理不好这一固有矛盾，就会不可避免地走向人格分裂，最终的结果可想而知。

叔本华的哲学固然能够拯救世人，但尼采面对的又是怎样的现实呢？俾斯麦的铁血统治虽然内部充满忧患，但是由于扩张版图的成功，人们还是暂时淹没在了胜利的狂欢中。知识分子不去想办法给人们"降温"，反而想要在物质上"分一杯羹"，因而只知一味地迎合统治阶层的意志和普通民众的口味。

与此同时，狐假虎威的国家主义者的喊声甚嚣尘上，他们认为国家是人类的最高组织形式，因而个人的最高目标就是服务于国家。尼采认为，这种观点是愚昧的历史倒退，因为人类显然有更高的目标去追求和实现，那就是一个民族的文化。此时的德国，悠闲和纯朴早已消失不见，取而代之的是功利和世俗，人们陷在欲望的泥沼里无法自拔，道德的底线屡遭突破。

一方面，尼采无畏地摧毁着世俗的幸福假象，另一方面他又揭示着残酷的世界本质。可以说，尼采对历史尤其是对现实的态度是悲观的，但是他并不消极。他指出，人类唯一的出路是不断创造哲学家、艺术家和英雄，从而使社会高度理想化。人类可能永远无法达到高度的理想化社会，但是人类应该以此为目标，至少应该努力创造出适于哲学家和艺术家产生的"舞台"。正如一句古老谚语所说的那样，人类永远有追求的目标，因而永远有追求不到的目标，而这正是人生的魅力所在。

为了说明自己的观点，尼采借用达尔文的进化论观点，把人性和动物性做了对比分析。动物受欲望的支配，终日盲目而疯狂地追求，一方面要忍受求而不得的痛苦，另一方面又不知道在资源过多时进行储备。然而，动物并不觉得自己有问题，更不会觉得这是上帝对自己的惩罚。由此可见，如果人类不对自己的人生进行思考和规划，那么在追求生命的过程中将无异于动物。

可以说，尼采对人性的深入解剖，首先得益于他对自己内心世界的深刻体悟和反思。所谓"人同此心，心同此理"，当一个人能够对自己进行真正的了解之后，他对于其他人乃至整个人类的认识，也将变得轻而易举。但是，尼采并不认为自己和民众一样，因为对于人类问题的思考之痛，民众既体会不到也无法承受。人毕竟不能只为自己活着，尤其是作为哲学家和艺术家，必须为人类承受各种痛苦，并且把人类从痛苦当中引领出来。

在此，尼采的观点也显示出和达尔文有所不同，达尔文注重人类的群体文化，而尼采注重人类的个体文化。在尼采看来，大部分人类都是有缺陷的，他们身上带有严重的动物性，因而不能称之为完全的人，他们的存在只是为了产生伟人。尼采的这一观点具有绝对的纯粹性，他忽略了人类的反思能力，更忽略了一个人积累足够经验之后的集体成长。

在尼采看来，当时的德国文化不利于天才生长，只利于学者成长。这样就会造成一个必然结果，即学者在数量上远远多于天才，但是在质量上却远远低于天才。由于自身存在的局限性，这些学者无法全面和深入地了解真理，只能在随波逐流中浅尝辄止，而他们由此传递给民众的真理自然也会大打折扣。简言之，学者把探寻真理当成一种谋生手段，而天才则把探寻真理当成神圣的使命。

和古希腊的社会环境相比，此时的德国教育更像是在中世纪时期，只能培养为了生存而奔波劳碌的人。更为严重的是，这些人不仅无法创造文化，而且为了自己的既得利益，还会扼杀天才的生长，因而导致整个社会的停滞甚至倒退。对此，尼采认为应该让伟大的哲学发挥作用，他的论述也由此转向如何为哲学的生长创造条件。

在尼采看来，天才的出现具有偶然性，很多天才还没有显现出非凡特质，就已经被历史洪流淹没了。即便是那些表现出非凡特质的天才，在这个充满"恶势力"的社会中，也是极难生存下来的，而且就算他能够生存下来，也多半会活在痛苦之中，这样一来，他对生命的认识很可能会陷入悲观，对于人类社会的影响也可能会滑向负面。

同时尼采还指出，满怀哲学激情的人一定没心思关心政治，因而哲学家应该本能地和政治保持距离。何况，对于一个国家来说，如果它的政治家不能处理好政务，那么它一定是个糟糕的国家，走向灭亡未尝不是一件好事。

尼采的观点很明确，一是哲学家不能和政治纠缠不清，毕竟政治和哲学是两码事，哲学家追求的是永恒的价值，而政治家则只注重眼前的价值；二是哲学家不参与政治，是因为他们有更重要的事情去做，他们去做这些事情远比加入到政治活动中更爱国；三是对政治家提出要求，即不要把功利性掺入哲学当中，或者说不要把哲学当成政治工具。

对于真正的哲学家来说，最重要的不是天赋和资源，而是能否自由自在地思考和判断。因此，就哲学价值而言，政治家"豢养"的哲学家，永远比不上"野生"的哲学家。在当时的德国，哲学家已经妥协得离谱，他们接受政治家的考察和挑选，然后兴高采烈地成为国家机器的一分子。

为了摆脱哲学困境，同时为处于迷茫中的德国民众指明方向，尼采决定再写一本书，这就有了《瓦格纳在拜罗伊特》的问世。在这本书中，尼采用前四节内容歌颂自己心目中的瓦格纳，但是在接下来的内容中却笔锋一转，开始对瓦格纳进行批判。应该说，尼采对瓦格纳是充满敬重之情的，但是他不能容忍瓦格纳的世俗行为，因为尼采觉得这不仅玷污了他们之间的友情，更玷污了他心目中的哲学和艺术。

在取得了一定的社会地位之后，瓦格纳开始变得养尊处优，他不再创造和反抗，在观众的一片喝彩声中失去了斗志。尼采在书中提到，"他（指瓦格纳）需要得到一个人的指点，否则必将就此沉沦下去，这是出自一位真挚的朋友的忠告"。显然，尼采对于自己和瓦格纳之间的友情尚抱有一丝希望，如果瓦格纳能够幡然醒悟，尼采的忠告无疑是最有价值的，但瓦格纳最终没有这样做。他给尼采寄来了一封邀请函，实际上却是一封挑战书。

分道扬镳

毕竟是批判自己最好的朋友，尼采在新书出版后也有点后悔，因而忐忑不安地给瓦格纳寄去一封信，以表明自己并没有恶意。瓦格纳的回信却让尼采大为震惊，他虽然赞扬了尼采的书，并且邀请尼采去拜罗伊特参加活动，但是信中却用了非常官方的语言。尼采自然能够捕捉到瓦格纳的心理变化，但他还是决定去一趟拜罗伊特，哪怕只是和自己曾经的朋友道个别也好。

应该说，尼采的桀骜不驯是与生俱来的，因而他不会纯粹地依恋任何人，他要按照自己的想法活出自己的生命轨迹。尼采和瓦格纳的交往，从一开始就不是对等的，瓦格纳是功成名就的大师，而尼采不过是一个年轻的崇拜者。尼采所崇拜的对象，是瓦格纳的思想和才华，而不是他所拥有的社会资源。尼采甚至觉得，自己和瓦格纳担负着共同的历史使命，即为人类的幸福而奋斗终生。

尼采曾经设想，由叔本华、瓦格纳和自己组成一个"铁三角"，共同创造出世人瞩目的伟大文化。尤其是在瓦格纳建造拜罗伊特大剧院的时候，尼采觉得自己的梦想已经触手可及，因而才带着狂热的心情参与筹划，甚至想过辞掉工作去帮瓦格纳。然而，瓦格纳的变化让他始料未及，曾经的长者风范和大师气度，在拜罗伊特大剧院建造期间急转直下。等到剧院落成，瓦格纳已经让尼采感到陌生，因为此时的他蛮横、世俗又听不进不同声音。

开始的时候，尼采以为瓦格纳被繁重的劳动影响了心情，随着大剧院的建成会一点点好起来，但是尼采很快发现，瓦格纳的改变并非偶然，因为他的身边聚集了很多阿谀奉承的小人。这些人虽然拥有各种各样的头衔，但骨子里只关注自己的私利，既然围绕在瓦格纳的身边能够得到好处，他们自然乐此不疲。尼采和瓦格纳之间的裂痕，在这些小人的"发酵"作用下越来越大，以至于当二人意识到问题的严重性时，事情已经到了无法挽回的地步。

也许是被物质腐蚀了灵魂，也许是被虚荣心占据了内心，瓦格纳开始紧紧抓住自己得到的一切不肯放手。既然如此，瓦格纳的艺术创造也开始迎合政治家和普通民众，尤其是在普法战争之后，瓦格纳完全倒向了"市侩文化"，与施特劳斯等人同流合污。更让尼采感到震惊的是，瓦格纳居然放弃了反对基督教的立场，摇身一变成了基督徒。

对于尼采来说，他早就看出瓦格纳有变节的倾向，因而他所创作的《悲剧的诞生》一书，就有意对瓦格纳施加精神影响，希望他能够把古希腊的悲剧精神融入到音乐剧中。可惜，对于尼采双手奉上的《悲剧的诞生》，瓦格纳连翻都没翻开过。尼采觉得《悲剧的诞生》一书力度不够，因而才写了言辞更加激烈的《瓦格纳在拜罗伊特》，希望能够借此唤醒瓦格纳的灵魂。

瓦格纳终究还是让尼采失望了。在拿到尼采的新书之初，他还以为那是尼采对自己歌功颂德的作品。等瓦格纳看到书里的内容才明白过来，再加上围绕在他身边的那些小人煽风点火，瓦格纳的心情可想而知。客观来讲，瓦格纳对尼采一直非常关照，也为彼此的友谊做出了很多努力。二人之间 31 岁的年龄差距，让瓦格纳一直把尼采当成晚辈，而且是非常得意和爱护的晚辈。

尼采对于真理的追求显然超过私交，他能够感觉到瓦格纳也非常珍惜自己，所以才一而再、再而三地好言相劝。然而，尼采认为瓦格纳变得市侩了，而瓦格纳却觉得尼采太天真，二人之间的裂痕显然已经无法弥合，并且会越来越大。需要说明的是，在尼采和瓦格纳的关系转变中，尼采承受的压力要远远超过瓦格纳，因为当时的瓦格纳正值事业巅峰期，而尼采还未建立起声望。

因此，包括二人共同的朋友在内，都站在瓦格纳一边，他们觉得尼采是在忌妒瓦格纳，甚至想要借着他的名字提高自己的知名度。对于真理至上的尼采来说，这样的评价简直就是对他人格的侮辱，可是为了不扩大自己的对立面，尼采又只能暗自吞咽苦果。他的这种"默认"，也让很多人抓住了"证据"，为了讨好瓦格纳，这些人开始变本加厉，对尼采的恶评进而变成了诽谤和攻击。

事实上，尼采和瓦格纳之间的关系破裂，有一个不断积累的过程。早在1874年6月，德国青年音乐家勃拉姆斯到巴塞尔演出，他按照惯例提出了拜访瓦格纳的请求，但是高高在上的瓦格纳不仅予以回绝，而且还出言不逊，使这位青年音乐家很是下不来台。同为年轻人的尼采得知此事后，立即找到瓦格纳理论，想要为勃拉姆斯出头，可惜瓦格纳根本不为所动。为此，二人言辞激烈地吵了一架，最终不欢而散。

尼采在当天的日记中愤然写道："这个专横的暴徒，除了他自己之外，已经不把任何人放在眼里。"接下来，也许是为了替勃拉姆斯打抱不平，尼采买下了他的钢琴编曲总谱《凯歌》，大量印刷后带到拜罗伊特向瓦格纳身边的人分发。尼采的本意是让大家做一个公论，看看勃拉姆斯的作品到底是不是如瓦格纳说的那样不堪，但他的做法显然触怒了瓦格纳，以至于他当着众人的面和尼采闹翻了。尼采倒不觉得有什么，面对瓦格纳的不可理喻，他只是选择了默默地离开。

在此之后，两人经历了一段长时间的"冷战"，不过他们二人都很清楚，彼此之间的友谊不会就此断绝。在写给罗德的信中，尼采这样说道："我虽然不在拜罗伊特，但心思却从未离开那里。"话虽然这么说，但是想让尼采主动向瓦格纳示好，却是一件难比登天的事。其间，瓦格纳的妻子和尼采的妹妹做过很多工作，可惜并未收到太大效果，因而截至瓦格纳发来邀请信，二人已经长达两年时间没有见面。

其实，尼采之所以决定去拜罗伊特，还有一个重要的原因，那就是他的健康状况正在急剧恶化。在一天的大部分时间里，尼采都被胃痉挛、偏头痛和干咳困扰，同时还伴有不断反复的发烧。有时候，尼采的眼睛肿得看不见东西，只能让别人帮他念书，写作也必须由别人来代笔。为了治疗胃病，他开始减少饮食，可到头来只是让他的胃病更加严重而已。因而这次前往拜罗伊特，尼采真是做好了与瓦格纳道别的准备，他已经意识到自己的生命正在枯竭。

尼采这次来拜罗伊特参加的活动，是瓦格纳新作《尼伯龙根的指环》的彩排仪式，参加的人数达到700余人，而且包括德国国王、巴西国王、华腾堡（Wartenberg）国王等，此外还包括著名的音乐家柴可夫斯基。这样的场合虽然难得参加，但乱糟糟的环境却再次加重了尼采的病痛，忙得不可开交的瓦格纳夫妇又没有时间照顾他，因而尼采只能在晚上写信向妹妹倾诉。

比起乱糟糟的环境，更让尼采无法接受的是人与人之间的交往，肉麻的吹捧、廉价的喝彩、充满铜臭的艺术、不可一世的权力，尤其是舞台上那些毫无灵魂的表演，一直让尼采处在偏头痛之中。他甚至不知道自己为什么要夹在这些人当中，就像一只孤独的野兽莫名其妙地落入了陷阱，庆幸他能够轻而易举地选择逃离。

于是，他让妹妹卖掉了价格不菲的入场券，同时他还把房子转租出去，然后躲进了附近的林间小屋居住。正是在这里，他开始构思《人性的，太人性的》一书，也许这是他在拜罗伊特期间唯一的收获。10天后，瓦格纳的闭幕音乐会上演，尼采在妹妹的劝说下赶到大剧院观看。当表演徐徐落幕，观众们群起欢呼，掌声与喝彩声响彻夜空时，尼采却恍如隔世地坐在观众席一动不动。

第二天，尼采不辞而别，他在内心当中已经做出一个决定，那就是从此和瓦格纳分道扬镳。客观来讲，尼采和瓦格纳在才华上不分上下，只是瓦格纳在面对世俗社会的时候选择了屈服，他的艺术造诣和操守也因此兑现为物质财富。尼采却始终坚守自己的信仰，但是他虽然在哲学和艺术的道路上走得更远，却被现实社会逐渐抛弃，他的作品不是被冷落，就是被群起而攻之，以至于不可避免地被边缘化了。

按照尼采的设想，自己不断向瓦格纳发起攻击，要么把他拉回正轨，要么迫使他和自己展开一次公开论战。瓦格纳却和他打起了太极拳，不管尼采怎么做，他就是不做出正面回应，而这也让尼采越来越不知所措。既然不知所措，就会不断犯错，尼采之所以会被那么多人嘲讽和讥笑，并不是因为他不谙世事，而是因为他不知该如何处理自己和瓦格纳之间的关系。

当尼采意识到这一点的时候，他便知道和瓦格纳分道扬镳是自己唯一的选择，因为只有这样才能让自己安心回到学术研究上。尼采并不否认，自己对瓦格纳是有感情的，他曾在晚年回忆说："瓦格纳是我的恩师，如果没有他的音乐，我可能在青年时代就已经不是我了。"尼采的表白是真诚的，他非常希望瓦格纳能够陪伴自己一生，因为作为一个旷世英才，他实在是太孤独了，实在太需要一个同等高度的人的陪伴，但是和追求真理比起来，即便是被孤独吞噬，尼采也会毫不犹豫地选择后者。

导致尼采和瓦格纳彻底决裂的是《帕西法尔》，这一剧作通过神话故事对基督教进行了肯定和颂扬，这显然再一次触怒了尼采。在写给友人的信中，他把瓦格纳的这部作品批评得一无是处，同时也表达了对瓦格纳大失所望。1876年秋，尼采和瓦格纳在索伦托偶遇，虽然内心当中早已疏离甚远，但他们还是保持了基本的礼数。一天傍晚，尼采和瓦格纳相约到湖边散步，其间瓦格纳对自己的《帕西法尔》大谈特谈，尼采则一直缄默不语。

忽然，当瓦格纳讲到他对基督教的态度转变时，尼采悠悠转身，旁若无人地消失在了索伦托的暮色里，这是他们二人最后一次见面。很快，《人性的，太人性的》一书出版，尼采在书中对瓦格纳大加批判，言辞激烈处近乎谩骂，这也让尼采和瓦格纳之间的友谊正式画上句号。在尼采看来，朋友之间的交往需要灵魂上的共鸣，既然已经无话可说，倒不如一刀两断来得痛快。

也许，瓦格纳从来都只是尼采的一个幻想。就像年轻人总喜欢为自己找一个偶像一样，等到真的和偶像接触了，才发现偶像并不是自己想象的那样，而且接触越深，这种感觉就会越强烈。至于瓦格纳，可能他也想和尼采一样活得纯粹、尽性，但是在德国当时的社会环境下，不愿逃避现实的他只能选择和尼采走上不同的道路。如果单纯从这一点来说，尼采和瓦格纳都没有错。

第五章　哲学家的春天

事业和身体上的不幸，几乎夺去了尼采的生活信心，以至于他开始怀疑自己的命运。尤其是在现实对比面前，瓦格纳的事业成功和自己事业的停滞不前，让尼采深受刺激。他多少有些想不明白，自己每天兢兢业业地研究学术，而瓦格纳每天穿梭在市侩之中，结果却是如此让人失望。值得庆幸的是，事业失意的尼采情场得意，而此时的尼采也确实需要来自女性的温柔慰藉，这也算是上帝对他的一种补偿吧。

女学生

尼采对女性的认识，长时间停留在母亲和妹妹身上，因为除此之外他极少接触女性。也正是这两位女性，让尼采得到了无微不至的关怀和照顾，他甚至因此沾染了母亲和妹妹的性格特点，有着敏感而细腻的触角。当然，这也奠定了尼采的艺术家情怀，尤其是对于浪漫主义文化，他有着近乎女性的渴望。也曾经有人说过，尼采很多时候的表现像极了一个女人。这一点有些夸张，毕竟尼采始终是以英雄自居的。

应该说，尼采的骨子里是一位风流才子，但是他在行为上尽量不表现出这一点。因为在尼采的心目当中，女性，尤其是漂亮的女性，都已经被他神圣化了，爱情更是被他看作诗一般的圣洁。作为一名完美主义者，尼采更喜欢和自己心目中的完美女性接触，同时追求一种近乎幻境的爱情。如此一来，现实生活中的很多女性，尼采都不幸错过了，这也让尼采的妈妈和妹妹心急如焚。

尼采期待接触完美的女性，但女性的完美往往只是给尼采的第一印象，当尼采和这些所谓的完美女性接触之后，才发现她们身上总是有这样或那样的不足。当尼采意识到这一点之后，他开始刻意远离心目中的完美女性，因为他觉得只有这样才能保持女性的"完美"。这种自欺欺人的做法，让他再一次远离了现实世界中的女性，爱情也越发变得遥不可及。

久而久之，尼采在异性面前开始变得怯懦和迟钝，往往与人见面还没说上两句话，手心里就已经捏了一把汗。不难想象，尼采作为一位天赋异禀的年轻教授，平日里接触女性的机会并不少，有些女性甚至会被他的学者气质深深吸引。可惜尼采在女性面前的表现，让他无法与这些女性有真正意义上的接触，这就让他的爱情生活越来越贫瘠。

与此同时，尼采在学术上的理想主义，也让他时刻怀着强烈的事业心和使命感。他甚至把自己当成民族英雄，想要通过对古希腊文化的继承和发扬，来担负起历史赋予他的神圣使命。因此，尼采几乎把所有时间都放在学术研究上，包括爱情在内的其他事，都要为学术研究让路，这自然也会让他减少接触异性的机会。再加上尼采的性格比较孤傲，即便遇到自己心仪的女性，也不愿屈尊去讨好对方，他的爱情之路注定曲折。

其实，尼采对于爱情还是充满期待的，毕竟学术研究之路是那样枯燥乏味。也正因为如此，尼采担心自己会被美好的爱情分心，在很长一段时间里他都在想，如果真的遇上一位完美女性，并且和她持续接触下去，自己的学术研究恐怕要受到影响。由此不难看出，尼采对于爱情的认识太幼稚了，因为对于一个坠入爱河的人来说，必定会以最佳的精神状态投入到生活和事业中去。

另一方面，尼采自幼身体抱恙，能够自理生活的时间很少，母亲和妹妹为了照顾他，必须如影随形地跟着他。相信没有哪个年轻姑娘愿意在和异性谈情说爱的时候，身边总是跟着他的妈妈或妹妹，而且这位年轻教授的母亲和妹妹，对于尼采的未来伴侣非常挑剔，这无疑又在尼采的爱情之路上设置了一道障碍。

所幸，坏运气不会一直在，时来运转的一天终于到来了。1876年3月，尼采到日内瓦湖畔疗养，其间偶遇了音乐家冯·森格。在他的引荐下，尼采认识了23岁的荷兰女孩特兰贝，她当时也在日内瓦度假。作为一名学生，特兰贝对尼采的名字早有耳闻，只是没想到他会这么年轻，因而立即被他吸引了。

尼采也确实给了特兰贝很多惊喜，在艺术尤其是哲学方面，尼采的很多观点和见解都让特兰贝醍醐灌顶。出于仰慕之情，特兰贝经常跑到尼采的住所去讨教问题，尼采也总是不遗余力地为特兰贝进行讲解。后来，他们开始一起去散步和爬山，兴致高的时候，尼采还会把自己的诗歌朗诵给特兰贝听。在清新的晨光里，在昏黄的暮色里，二人把欢声笑语撒遍了日内瓦湖畔。

很快，在特兰贝不在的时候，尼采开始觉得有些烦躁和不安。有时候特兰贝没来找他，尼采就会胡思乱想，怀疑自己在前一天有什么地方做得不好。好几次，尼采左等右等不见特兰贝的时候，都想主动去找她。然而，越是意识到爱情在自己心中萌动，尼采越感到惊慌失措，羞涩、胆怯和软弱渐渐取代了往日的谈笑风生。由于害怕遭到拒绝，尼采有好几次想要表达爱意，结果都把到嘴边的话生生咽了回去。

天下没有不散的宴席，尼采和特兰贝每天过着欢快美好的日子，他们分别的时间转眼临近了。一方面想要赢得特兰贝的芳心，一方面又担心遭到拒绝，尼采每天陷在犹豫和徘徊中痛苦不堪。最终，在森格的建议下，尼采选择了一个折中的办法，即给特兰贝写一封表白信，然后由森格交给她。至于这封信的内容，完全可以用蹩脚来总结，没人相信它出自一位已经出版过皇皇巨著的大师之手。不过，在这封信中，尼采表达了对爱情的真诚态度和原始渴望。

亲爱的特兰贝：

你昨晚给我写了一封信，出于礼貌，我也想写点东西给你。

请你聚集心中所有的勇气来看这封信，因为里面的内容很可能会让你吓一跳。

你愿意做我的妻子吗？我爱你，就像爱着世界上最完美的艺术品。很多时候我都觉得，我们在前生就已经相识，并且为今生的相遇做足了准备。

别怪我的唐突，至少爱一个人是没有错的，因此也不需要原谅。我现在唯一想要知道的是，你是不是也和我一样，急切盼望着在我们之间建立美好的爱情？

我们并不陌生，在短暂的接触过程中，我已经完全展现了我自己，而且我也清楚地认识到了你的淳朴。相信你也会觉得，我们的结合会让彼此生活得更好，会一起拥抱理想的未来，直到我们升入天堂，面见上帝。

请你把自己的想法完全说出来，不要有任何隐瞒！这封信，除了我们共同的好朋友森格之外，没有任何人知道。

明天 11 点，我就要起程回巴塞尔，我在那里等待你的回信，地址我已经附上。请你一定要想清楚，并尽快做出决定，无论同意还是反对。

希望你一切顺利！

弗里德里希·尼采

显而易见，尼采对特兰贝怀有真诚而炽烈的爱，但这更多地是来自艺术家的激情和冲动，并不是经过深思熟虑后的决定。在尼采的设想中，自己的未来伴侣至少要和自己志同道合，而特兰贝年轻又天真，显然无法和尼采在学术高度上进行交流。作为一位艺术功底深厚的大师级人物，尼采对特兰贝的爱充满了乌托邦式的幻想，或者说他只是把特兰贝想象成了自己的梦中情人。

此外，以尼采的文学造诣，他完全可以写一封饱含温情的求爱信，但是他却把这封信写得枯燥乏味，简直像是一封调研函。在表面的浪漫之下，可能存在两种可能：一是尼采对特兰贝只是存在好奇心而已，其中最大的好奇心就是她爱不爱自己，弄清了这一点，对于尼采来说也就足够了，因而他没必要花费太多心思写这封信。其二，尼采真的被特兰贝迷住了，因为心里太在意她，所以写这封信的时候完全不知所措。

虽然有些令人难以接受，但第一种的可能性恐怕还是要大一些。原因很简单，给特兰贝写信是森格建议的，因而对于这封信怎么写，二人也一定进行过商量。在具体的商量过程中，森格自然也会觉得这种居高临下的方式不太好，但尼采最终还是固执己见，这表明尼采看重的不是特兰贝，而是特兰贝对自己的看法。换句话说，尼采对于自己的表达方式一清二楚，只不过他最看重的是他自己罢了。

在这封信中，尼采除了简单地表达自己的心情外，更多地还是理智追问，好像是双方家长在探讨儿女的婚事。由此不难看出，尼采对于这件事的最终结果，实际上并不怎么关心。他所写的这封信，更像是在做一项关于特兰贝的学术研究，只不过这项研究和自己有关。可想而知，对于充满少女情怀和浪漫幻想的特兰贝来说，即便对尼采抱有好感，看到这封信后也会对他失去兴趣。

从某种程度上来说，尼采写这封信的方式，还可以追溯到他的贵族心态，他甚至觉得和特兰贝结合是屈就自己。即便是此前面对瓦格纳，尼采的态度中也饱含这种贵族心态，他总觉得瓦格纳出身不好，自己和他做朋友已经是放低姿态了。相信谁都不喜欢在自己面前表现优越感的人，瓦格纳和尼采交情笃厚，最终还是分道扬镳；特兰贝和尼采不过刚刚认识，最终结果也就不难想象了。

如果按照尼采的想法，他更愿意特兰贝主动追求自己，就像是古希腊神话中美女苦苦追求英雄那样。可惜，他在爱情面前到底还是太天真了，特兰贝完全把他当成了自己的老师，因而接到这封信之后她首先是吃惊，没想到自己的老师会对自己产生感情。在看完信之后，她的吃惊就变成了恼怒，作为敏感而细腻的少女，特兰贝明确感觉出，尼采对自己的爱意掺入了很多"杂质"，因而她立即写信给尼采，表明自己早有所爱。

在尼采身边的很多人看来，这件事根本不值一提，对于尼采也不会产生太大影响。但实际上，尼采在心灵上还是遭受了很大打击。因为这毕竟是他第一次正式向异性示爱，如此尴尬的结局，自然给他的爱情世界蒙上了一层阴影。尼采脆弱的自尊心，也由此变得更加敏感，以至于很多时候都会陷入无事自扰的困境。

说到底，这件事的失败原因还要归结为尼采的性格怯懦。原本，他可以当面向特兰贝表达自己的爱意，可是努力了好几次都没有说出口，最终选择了写信这种所谓折中的方法，其实也是一种逃避。即便是后来被特兰贝拒绝，他如果真有足够的勇气，也可以继续争取自己的爱情，但他却根本没有这样做，而是彻彻底底地选择了放弃，这也许才是最大的逃避。

没过多久，一位朋友写信给尼采，要为他介绍女孩认识，结果遭到他的拒绝。在写给这位友人的回信中，尼采说道："我讨厌束缚，而任何女性都无法以自由之心追随我，因此我不要加入到婚姻队伍中去。近日来，伟大的、独身的古希腊大师们总在我眼前浮现。我决心向他们学习，把学术研究作为自己的最高使命。"

这可能是包括尼采在内的很多哲学家的悲哀，他们总是把无足轻重的个人问题上升为关系人类命运的特大命题，以便借着勇敢的假象掩饰自己内心的脆弱。

—— 暗恋的痛苦 ——

以尼采的社会地位，身边是不乏美女环绕的，包括一些才貌双全的绝世佳人，而且更重要的是，在这些人当中，有不少人钦慕尼采的才华，想要和他点燃爱情的火花。可惜，由于对爱情近乎苛刻的要求，以及特兰贝对他的伤害，尼采在爱情面前变得越发软弱无力。其实，尼采和很多女性都有接触，甚至和她们谈及过爱情的话题，但是对于自己的感情世界，尼采却极少敞开大门，能够走进他心里的人就更是凤毛麟角了。

然而，现实总能给人最大的震触，当尼采看到身边的人都出双入对，不免觉得自己身边空落落的。因此，越是在人数众多的场合，尼采的失落感就会越强烈，以至于每次遇到公开的应酬，尼采都会想办法推掉。尼采自己心中也很清楚，这样做毕竟不是长久之计。可自己的爱情在何方？他又怀着满心迷茫。

与此同时，尼采的爱情还有一个明显倾向，那就是严重的恋母情结。换句话说，比尼采年纪大的美丽女性，对于他来说更有吸引力。比如瓦格纳的妻子柯西玛，就因为有着强烈的母性气息，而深深吸引了尼采。再加上柯西玛对尼采格外关心和照顾，于是尼采不遗余力地赞扬她，而且毫不避讳地表达对她的好感。

柯西玛是一位很有魅力的女性，尼采初次见到她就已经心向往之，把她当成了生命中所见过的最完美的女性。尼采曾经称柯西玛为"德国高等教育的特例"，意思是说，德国的教育非常糟糕，总会让女性的魅力大为失色,但柯西玛却"出淤泥而不染"。后来,在特里普森,尼采和柯西玛还有过一段独处的时间,这也是尼采生命中最幸福的回忆片段之一。

为了表达对柯西玛的迷恋,尼采用了自己最独特的方式,即把自己写的第一本书送给了她。在大多数人看来,送一本书并没有什么特殊意义,尽管这本书是尼采自己写的。柯西玛却很清楚,对于尼采这样一个视学术为生命的人来说,这本书是他心目中最宝贵的物品,就像是"舍利"在佛教徒眼中的地位一样。除了这本书,尼采还会时不时写一些赞美柯西玛的散文和诗歌,公开表达对柯西玛的好感。

值得一提的是,柯西玛有显赫的出身,她的父亲是欧洲历史上最著名的音乐家之一——李斯特。这一点显然契合了尼采的贵族心态,出身名门、容貌美丽、气质高贵、才华出众,再没有谁比柯西玛更符合尼采心中对于"她"的定义了。尤其让尼采喜出望外的是,柯西玛对于法国文化的热爱并不是人云亦云,而是有她自己独到的见解,她的很多观点甚至让尼采茅塞顿开。尼采对法国文化的热爱,从自己的思想启蒙时代就已经开始了,他和瓦格纳之间的友情,很大程度上也是以法国文化为基础的。

对于尼采和瓦格纳之间的交往,柯西玛做了很多铺垫工作,她非常希望自己的丈夫能够和才华绝世的尼采和平共处。因此,她对尼采的照顾可以说是无微不至,细心度几乎超过了尼采的母亲和妹妹。尼采能够在瓦格纳家享受到不尽的温馨和快乐,柯西玛的作用简直超过了瓦格纳,或者说是她首先接纳了尼采,瓦格纳才渐渐接纳了尼采。

然而,柯西玛毕竟已经是有夫之妇,而且是尼采最敬爱的瓦格纳的妻子。因此,柯西玛带给尼采的除了美好,还有深不见底的痛苦。他时而觉得对不起瓦格纳,时而又开始忌妒瓦格纳,内心的感受总是介于兴奋和罪恶之间。尼采对于柯西玛的感情,注定只能停留在暗恋阶段,而暗恋又注定是痛苦的。

后来,当尼采和瓦格纳的友情决裂之后,尼采对柯西玛的好感转而变成为她叫屈。尼采觉得,柯西玛是高高在上的女神,而瓦格纳则是舞台上的小丑,他根本不配拥有神圣无比的柯西玛。为了表达心中的不满,尼采甚至指责瓦格纳"吃软饭",认为他的社会地位是借着柯西玛的家庭关系取得的,这自然也将柯西玛置于尴尬境地。

不难想象,柯西玛对于尼采的暗恋根本毫无察觉,她完全把尼采当成了一个出类拔萃的晚辈对待,并且因为他特殊的身体状况,而给予他母亲和姐姐般的照料。每次尼采到瓦格纳家来,柯西玛都会热情地忙前忙后,为尼采和瓦格纳的交流创造一个舒适的环境。当尼采和瓦格纳之间出现芥蒂后,柯西玛也是忙前忙后,希望能够弥合他们之间的裂痕,可惜最终还是一番徒劳。

为了解释三人之间的关系,尼采把柯西玛比喻成古希腊神话中的阿里阿德涅,瓦格纳成了英雄忒修斯,他自己则是酒神狄俄尼索斯(尼采一向以酒神自喻)。在古希腊的神话故事中,阿里阿德涅是众神之王宙斯的孙女,与忒修斯一见钟情后,帮助他逃离困境,随后二人幸福地结合。但是,忒修斯最终无情地抛弃了阿里阿德涅,狄俄尼索斯则把她接到了自己的小岛上,并与她结成夫妻。

婚礼上,狄俄倪索斯为阿里阿德涅戴上了一顶王冠,这顶王冠由美神和工匠之神联手打造,足以表明狄俄尼索斯对阿里阿德涅的浓浓爱意。而且,镶嵌在这顶王冠上的一颗光芒四射的宝石,曾经被阿里阿德涅用来照明,以帮助忒修斯走出困境。狄俄尼索斯这样做,是为了表明自己不念过去,他爱的是阿里阿德涅的现在和未来,他为能够和阿里阿德涅结合而感到无比幸福。

有了神话里的对号入座,尼采的心意已经很明显了,那就是希望柯西玛能够离开瓦格纳,和自己在一起。可惜的是,这样的希望也只能停留在想象层面上。姑且不论柯西玛是否对尼采存在男女间的感情,就算真的有,已经身为人妻的她也根本不可能选择离开瓦格纳,转而和尼采在一起。

显然,即便是不把世俗观念放在眼里的尼采,也不可能直接表达自己对柯西玛的爱。不能表白不代表不能表示,作为一代艺术大师,尼采不仅表示出自己对柯西玛的爱,而且还打了个哑谜。在自己的作品《夜歌》中,尼采这样写道:"这是一种宝石般的幸福,一种近乎神性的温柔,于我而言简直无法形容,只能用纵酒狂歌的行为来表达。这就是来自阿里阿德涅的爱的幸福，但没有人知道阿里阿德涅是谁，除了酒神狄俄尼索斯。"

事实上，尼采对柯西玛的爱意早已世人皆知，只是大家碍于瓦格纳的情面，一直把它当作一个公开的秘密。尼采似乎觉得这样还不够，于是他给柯西玛寄去一封信，里面清清楚楚地写着："阿里阿德涅，我爱你！"这里所说的阿里阿德涅，自然是指柯西玛，只是尼采不愿把最后一层纸捅破。柯西玛也无法予以正面回应，或者说她不做回应就已经是最明确的回应了，这无疑让尼采感到更加痛心疾首。

后来，尼采在自己的作品《阿里阿德涅的悲叹》一书中，表现出了内心世界的倾轧。其中有句话这样描写痛苦："我就这样躺着，佝偻着身躯，饱受一切痛苦的折磨，时间似乎也永远停了下来。"酒神狄俄尼索斯的精神使尼采勇敢地追求着柯西玛，但来自世俗的压力又让尼采放不开手脚，他就在这样的矛盾心理中苦苦煎熬。

"刺得再深点！再刺一次！把这颗心当成你的仇敌！"尼采在他的诗中如此写道。这显然已经成了一种自虐心理，尼采爱柯西玛而不得的痛苦成了毒品，因而被它刺痛后竟浑然不觉，甚至越来越上瘾。但是，即便到了这一地步，尼采的贵族心理仍然存在，这让他的举动越发有些可笑，比如他在自己的作品中写道："我是你最高傲的俘虏！"

最终，尼采还是选择了逃避。可是当他想到要离开柯西玛时，无论如何又下不了决心，这矛盾的心态纠结成了他挥之不去的阴影。在近乎哀号的诗句中，尼采把柯西玛形容成"小耳朵"，这是因为尼采自己有一对精致的小耳朵，他把这认为是自己智慧和高贵的象征。尼采用"小耳朵"形容柯西玛，不仅是在表达自己的爱意，同时也是想表明柯西玛和自己应该是"一对"。

应该说，尼采一直保持着理性思维，但他的情感却好像火山岩浆一样喷涌着。尼采在《阿里阿德涅的悲叹》一书中写道："我是太阳，我把力量和光芒赐予世人，自己却得不到爱的照耀和温暖。"由此可见，尼采似乎总是在犯同一个错误，那就是在面对爱情的时候，像莽撞的犀牛一样前进；可是在遇到一点挫折后，又像鸵鸟一样把头埋进土里，借此来逃避想象和现实之间的差距所造成的巨大精神落差。

就这样，对于尼采来说，爱情已经变得越发虚幻，他的一厢情愿和无限联想越来越让他感到不堪重负。尤其可怕的是，尼采似乎已经习惯了被痛苦蚕食，甚至能够在痛苦中找到一种畸形的快感。因为得不到爱情，尼采可以把爱情想象得无比美好，但是他把爱情想象得越美好，触碰到爱情的几率就越小。久而久之，尼采已经在不自觉中把爱情当成了游戏，他就像是一个喜欢搞恶作剧的孩子，而且戏弄的对象包括自己在内。

不过，在内心深处，尼采还是为爱情留出了一片圣洁的土地。有一次，他去意大利的热那亚度假，途中看到一位牧羊的美貌少女，于是即兴作了一首小诗：

呵，少女！替小羊轻轻地，梳理着柔毛的少女！清澈澄清的眸子里，燃着一对小火花的少女！你是逗人喜爱的小东西，你是人人宠爱的宝贝，心儿多么虔诚多么甜蜜，最心爱的！为何早早撤掉了项链？可曾有人伤了你的心？是你把谁怀恋，他却对你薄情？你缄默，但是那泪水，依依垂在你柔美的眼角边；你缄默，宁为相思而憔悴，最亲爱的！

相对而言，尼采似乎并不愿触碰那些被他迷恋着的女性，而只是喜欢远远地欣赏她们的美，同时让自己对爱情的想象任意驰骋。这样一来，尼采的情诗自然蕴含万种风情，在读者看来也是柔情蜜意无限，不明真相的人领略到这份阴柔之美，甚至会把尼采想象成一个风流成性的人。那封写给特兰贝的求爱信，再与这首情深意浓的小诗相比，简直像是一只小麻雀遇到了凤凰。

其实，求爱信和小诗本没有太大区别，唯一的不同在于，求爱信是写给某个具体的人看的，是一种行动；而小诗则是自我吟唱，是一种孤芳自赏，本质上还停留在理论层面。由此可以看出，尼采的哲学思想和艺术观点虽然卓越，其行动力却堪忧；同时也不难看出，在尼采的内心深处，应该是藏着某种自卑的。这种自卑源自何处不得而知，但尼采被它深深地束缚住了，却是一个不争的事实。

全面攻势

尼采可以说是不幸的，但同时也可以说是幸运的，因为即便全天下的女人都让他受伤，至少还有母亲和妹妹可以依恋。于是，当尼采在拜罗伊特和巴塞尔双双碰壁后，便回到了位于瑙姆堡的家中。这个时候，尼采的《人性的，太人性的》一书已经创作完成，繁重的工作让他透支了体力。因此，当尼采回到家的时候，母亲弗朗西斯卡看到他神情憔悴、身形消瘦、意志消沉。

长期以来，尼采受到的折磨绝不仅限于精神层面，他的胃痛和一系列疾病始终如影随形。由于在拜罗伊特和巴塞尔期间无人照顾，尼采的饮食都成了问题，这也让他的各种病痛进一步恶化。为了让自己能够顺利生活，尼采开始服用镇静剂，这让弗朗西斯卡痛心不已，一见之下便落下眼泪。在这位可怜的母亲看来，她随时可能失去自己的儿子，因而总是珍惜和他在一起的每分每秒，并且竭尽全力照顾他。

为了让尼采的身体和精神好转，弗朗西斯卡每天晚上拉着尼采去散步，尽管她的腿脚并不比尼采利索多少。听说用冷水擦身能促进睡眠，这位可爱可敬的母亲又亲自打来冷水，认认真真地为尼采擦拭身体。除此之外，弗朗西斯卡还阻止尼采进行工作，甚至连读书写字也明令禁止，因为她觉得自己的儿子之所以会身心俱疲，最大的原因就是工作太累。

客观来讲，对于尼采身体和精神受到的双重打击，弗朗西斯卡比他更加感到痛苦。这位伟大的母亲独自支撑起整个家庭，含辛茹苦地把尼采养大，原本看到他学有所成，以为可以从此过上幸福的生活了，没想到尼采的身体和精神状态越来越糟，甚至到了无法正常吃饭和睡觉的程度，眼见着他一天天消瘦下去，弗朗西斯卡真担心他的身体会出大状况。

不过，弗朗西斯卡的心里也有一个小算盘，那就是让尼采尽快成婚，到时候用喜气一冲，说不定霉运就会消散，尼采的身体状况也会随之好转。可是，婚姻这种事说容易很容易，说不容易却也不容易。尼采在工作和生活中每天接触那么多女孩，一直都没有遇到称心如意的，弗朗西斯卡每天只能接触到几个女孩，希望也就更加渺茫了。

尤其让弗朗西斯卡感到忧愁的是，不仅尼采的婚事一点着落也没有，就连他的妹妹伊丽莎白也一直单身。不过，伊丽莎白毕竟比尼采小几岁，而且她相貌端庄，身体和精神状况也非常健康，将来找个婆家还不算难事。只是尼采，虽然因为学有所成而名声在外，可到头来也不过是个穷教授，而且还因为工作拖累了身体和精神。

然而，母亲疼爱儿子，似乎永远有办法。通过伊丽莎白的关系，弗朗西斯卡找到了尼采的好友冯·迈森贝克小姐，希望能够通过她为尼采介绍异性朋友。事实上，不用弗朗西斯卡嘱托，迈森贝克小姐作为尼采的好友，也早就开始为他的婚事着急了。此时，尼采已经在巴塞尔大学工作了10个年头，除了一身疾病和日渐萎靡的精神，他什么都没有得到。

为了能够继续工作，尼采不得不花费大量时间去疗养，为此经常耽误工作和个人创作。如果说尼采能够勉强接受爱情和事业不理想，那么当他的身体状况极度恶化，连学习和创作都成了问题之后，尼采的心里就开始变得焦急了，他的情绪波动也因此变得越来越剧烈。有的时候，尼采实在挨不过钻心的疼痛，甚至想过亲手结束自己的生命，只是母亲和妹妹的笑脸让他无法下手。

客观来讲，巴塞尔大学对尼采算是仁至义尽。在职期间，尼采经常无法按时出现在课堂上授课，去外地疗养也往往只是随手写个假条，但校方从未因此责怪过他，更没有考虑过辞掉尼采，而是始终保持对他的优厚待遇。直到尼采主动提出辞职，巴塞尔大学仍然迟迟不予批准，因为他们觉得尼采能够为学校或者说为学生做的事情还有很多。

但是，尼采辞职的态度非常坚决，因为他的身体和精神状态每况愈下，已经不允许他继续留在巴塞尔大学。眼见如此，校方也觉得强留不是办法，这才怀着无比遗憾的心情，批准了尼采的离职申请。不过，巴塞尔大学对于尼采并未做辞职处理，而是为他办理了相应的退休手续，这样尼采每年就能够领到3000法郎的退休金，至少基本的生活需求有了保障。

这个时候，弗朗西斯卡、伊丽莎白和迈森贝克已经同心协力，开始加快为尼采物色对象的脚步。因为她们很清楚，尼采在大学工作时至少还有个教授的名头，现在领着微薄的退休金在家赋闲，给人介绍的时候，甚至无法给出一个名正言顺的说法。换句话说，如果尼采不在这个关头找到人生伴侣，日后的难度恐怕会越来越大。

在这种情况下，迈森贝克开始把尼采的婚事当成主要工作，并且制订了自己的计划。首先，她把有可能和尼采结合的女孩统统列入表格；然后，她开始制定筛选标准，并且对所有女孩进行仔细筛选；最后，就是对那些筛选出来的女孩展开攻势，直到从她们中间找到最适合尼采的那一个。

迈森贝克为尼采制定的筛选标准，概括来讲只有三个字——好而美。其中，"好"不仅是指人品要好，而且家庭的经济条件也要好。因为大家已经得出公论，尼采的一生注定会在研究学术中度过，不仅他的生活需要基本开支，而且进行学术研究本身也需要资金投入。换句话说，迈森贝克不仅要为尼采寻找人生伴侣，而且要为他找到经济来源。"美"当然指的就是对方要容貌美丽。毕竟尼采对爱情非常挑剔，说白了就是对自己的"另一半"非常挑剔。

这样的事情在普通人看来，也许根本无法接受，更不要说自尊心极强的尼采了。事实并不会关照尼采的自尊心，摆在尼采面前的选择只有两个，要么听从迈森贝克小姐的安排，争取为明天做最好的铺垫，要么自生自灭。尼采倒不觉得生有何恋，只是想到自己的事业尚未成功，甚至没有半点起色，他还是有些不甘心。再想到可怜的母亲和可爱的妹妹，想想自己若真的离她们而去，会让她们多么伤心欲绝啊。想到此，那个曾经才华横溢、意气风发、世人瞩目和踌躇满志的尼采，还是选择了屈服，只不过他屈服的不是迈森贝克，而是不得不面对的现实世界。

带着一丝自嘲，尼采给妹妹伊丽莎白写了一封信，内容大致如下：

我最亲爱的伊丽莎白，除了收到你的信之外，已经没有什么事情值得我高兴，你在信中所说的一切，都是我最想听到的内容。只是现在，我要向你报告自己的状况，总体来说是非常糟糕的。14天以来，我有将近一半的时间躺在床上，并且有过6次大的病痛发作，这让我几乎走到了崩溃的边缘。

我不能长期在巴塞尔大学任教，母亲和迈森贝克小姐也认识到了这一点。除了繁重的工作以外，我还必须忍受那里严寒而漫长的冬季，这对于我的病痛显然没有好处。也许是太过关注学术研究，我在这些年确实没有发现，在巴塞尔大学任教期间，确实为我的身体状况带来了很大负面影响。

近日，因为有母亲和迈森贝克小姐陪伴和照料，我的感觉开始逐渐变好。昨天，因为一件不起眼的小事，我和母亲忽然被迈森贝克小姐带着大笑起来，直到我们三人都笑出了眼泪。迈森贝克小姐真是一个性格开朗的人，她带给我阳光，也带给我面对生活的信心和希望。近日来，由于风湿病发作，迈森贝克小姐需要卧床休息，这也给了我照顾她以报恩的机会。

我想，如果迈森贝克小姐的计划能够成功，真的有一位富家小姐愿意和我结婚，那么我目前的困境就彻底解脱了。迈森贝克小姐曾告诉我，罗马有一个美丽而富有的姑娘，她对我们的计划的回应很积极。这让我有些窃喜，因为罗马是一个令人向往的地方，那里对我的身体健康、人际交往和学术研究都有帮助，我简直已经有些期待和那位姑娘邂逅了。

最好在今年夏天，我就能够和那位姑娘确定婚事，这样到了秋天之后，我就能够和她举办婚礼。我的很多朋友都会来参加，其中大部分都是你不认识的，比如柏林的爱丽丝·比洛夫和汉诺威的埃尔斯贝特·布朗迪斯，到时候我可要隆重介绍这两位给你认识。对了，还有娜·赫尔岑，我敢打赌，你们一定会成为很好的朋友。

至于你的工作，我为你感到自豪，我为能够有你这样的妹妹而感到自豪。为了美化日内瓦的小镇，你做了那么多工作，而且都得到了理想的回报。我想，也许坏运气是以家庭为单位降临的，既然我已经背负了那么多坏运气，降临在你头上的就应该都是好运了。如果真是这样，我情愿自己的坏运气再多一点，那样你就能够拥有更多的好运了。

从这封信可以看出，尼采真的是孤独极了，为了不给母亲增添烦忧，妹妹伊丽莎白已经成了他唯一的倾诉对象。在日常生活中，甚至一次开怀大笑都成了刻骨铭心的事，可见他的心情已经在谷底沉得太久。因此，尼采对于爱情的向往，就更加迫切和热烈了，他太需要有一个相伴左右的伴侣，来面对来自方方面面的压力了。也许正是因为这样，一代大师才会沦落到"征婚"的地步，并且明确列出了"征婚"的物质条件。

—— 萌动的青春 ——

尼采一生中所遇到的女人，除了亲人和朋友之外，基本和他没有太多实际关系。这些女人要么在他的世界里一闪而过，要么是他一厢情愿地喜欢，要么完全就是他凭空想象出来的，但是有一个女人却真正地走进了尼采的情感世界，并且和他产生了爱的火花，她就是聪明美丽的露·安德烈亚斯·莎乐美。如果没有这位伟大的女性，尼采的爱情世界将更加黯然失色，他的人生也将为此变得枯燥和乏味。

莎乐美出身官宦家庭，他的父亲是一位俄国将军。在6个孩子当中，莎乐美是唯一的女孩，也是最小的孩子，因而她从小在父母和兄长的宠爱下长大。除了拥有出众的容貌，天资聪慧且性格外向的莎乐美也拥有渊博的学识。由于从小出入宫廷，她从很早就开始受到艺术熏陶，因而在艺术方面有很高造诣；此外，莎乐美在文学、宗教和政治等方面，也有独特的见解，总之她是一位新时代孕育出来的新女性。

1880年秋，莎乐美刚刚结束了一场失败的爱情，在母亲的陪同下，带着一颗受伤的心来到苏黎世度假散心。其间，莎乐美在朋友家认识了同在苏黎世度假的保尔·瑞。两人一见如故，瑞很快就表达了自己的爱意。也许是急于从爱情的伤痛中解脱出来，莎乐美虽然没有做出正面回应，但也没有表示反对，两人就这样走在了一起。

然而，当二人想要确定恋爱关系的时候，瑞的母亲提出坚决反对。瑞不敢忤逆母亲的意思，但又不愿放弃与莎乐美的感情，因而想了一个折中的办法，就是离开家去上大学，同时也把莎乐美安排进学校，如此两人就能够长相厮守。不过，由于母亲反对的缘故，瑞无法动用家里的社会关系，这就让他想到了自己的朋友尼采，他希望莎乐美能到尼采的门下学习。

事情原本进展得很顺利，尼采同意为瑞提供帮助，莎乐美也表示愿意到尼采门下学习，但问题很快出现了，由于瑞没有如实相告，尼采并不知道他和莎乐美的关系。这时又恰逢尼采的情感空窗期，眼见这样一位美貌绝世和才华出众的女孩到来，他怎能不动心呢？于是，在写给瑞的回信中，尼采明确表达了对莎乐美的好感，并且像往常一样对婚姻做了设想。瑞接到尼采的回信，哭笑不得，但他更关心的是莎乐美的态度。

那么，莎乐美对尼采是什么态度呢？在自己的日记中，她这样描述初次见到尼采的感触：

他中等身材，衣着朴素，如果夹在人群中，很容易被忽视。可是，在他的身上，带着一种贯穿历史的沧桑感，我能明显感觉到他很孤独。落座之后，我发现他说话的声音很小，笑起来很谨慎，似乎总是在思考什么事情。

不过，我发现他的耳朵很漂亮，这双耳朵我在很久以前就听说过了，今天一见果然名不虚传。除此之外，他的手也很漂亮，像是生来就为弹钢琴准备的。还有他的眼睛，虽然他的视力不好，但是他好像也不愿看清什么东西，因而并不像别人那样，总是伸着脖子眯起眼睛去看。这样自然流露的眼神，显得非常深邃，好像他是一个沉默寡言的秘密看守者。

当他说起某个感兴趣的话题时，那双深邃的眼睛简直要射出光芒；当他情绪低落时，那双深邃的眼睛又变回原来的模样。从他的话语中我能听出，他很有礼貌，同时也喜欢和有礼貌的人打交道。当他意识到我是一个真诚的人后，立即卸下了不太擅长的伪装，变得同我一样真诚了。

尼采对莎乐美的第一印象自然不用多说，二人的师生关系很快确立。

尼采给莎乐美上的第一节课，就是朗读他的新作《快乐的科学》。在这部作品中，尼采融入了自己当时的全部学术研究成果，莎乐美一听之下就感受到了它的分量，这也使她被尼采的哲学和艺术造诣所折服。难能可贵的是，尼采对哲学和艺术的很多观点，都与莎乐美不谋而合，二人的交流开始由此走向深入。当然，比莎乐美更高兴的是尼采，他实在没有想到，上天会让一个如此完美的女孩降临自己的世界。

当瑞弄清莎乐美对尼采的态度后，他立即坐不住了，因为这意味着莎乐美可能随时离他而去。可怜的尼采居然在这个时候找瑞帮助自己，希望他能够撮合自己和莎乐美，却丝毫没有注意到瑞的表情变化。接到这个难题之后，瑞反倒有些犹豫了，尼采的做法虽然让他无法接受，但毕竟不知者无罪，他没有理由责怪尼采。但是，瑞对莎乐美又不能放手，于是瑞虽然把这件事告诉了莎乐美，却同时提醒她注意尼采的身体和经济状况，言外之意是和尼采在一起不会有幸福。

莎乐美对此首先感到吃惊，她的心中还是装着瑞，因而打算把他们的事告诉尼采。这一次，犹豫不决的人成了瑞，他毕竟是尼采的朋友，担心尼采知道真相后会承受不了。于是，瑞随口编了个理由，这件事就暂时拖了下来。随后，三人开始各怀心思：莎乐美想留在尼采身边学习，同时也不愿伤害瑞或者尼采；瑞想带莎乐美走，但为时已晚；尼采想和莎乐美独处，因而希望瑞尽快离开。

第一个行动的是尼采，他搬出自己的妹妹伊丽莎白，让她写信给莎乐美，邀请莎乐美到他的老家去做客。不过，这件事并没有实施，因为莎乐美的母亲执意要带她回俄国。莎乐美拗不过自己的母亲，但她也争取了自己的权利，那就是在沿途各国旅游观光，同时还邀请了尼采和瑞同行。这个时候，尼采已经隐隐感觉到，瑞和莎乐美的关系没那么简单，但是这一次他并没有选择逃避，而是做好了和瑞公平竞争的准备。

旅行的第一站是意大利米兰，这座以时尚著称的城市当年还是以自然风光吸引游人。三人一起游玩了奥尔塔湖，其间尼采和瑞都对莎乐美殷勤备至，越发感到不适的莎乐美只好提前建议回旅馆休息。看着莎乐美游兴正浓，却不得不回旅馆，一向不解风情的尼采终于开了窍。在返回旅馆休息后，他单独找到莎乐美，建议去附近的一座乡间小教堂看看，并且把那里描绘得如同世外仙境。

莎乐美是一个性情率真的女孩，再加上兴致很高，听了尼采的描述到底受不了诱惑，于是和尼采一起来到乡间教堂。这一次，他们在一起待了很长时间，而且没有探讨学术方面的话题，有的只是尼采的大献殷勤。莎乐美是个热情奔放的女孩，被眼前的美景陶醉后，也被眼前的尼采深深迷住了，于是二人有了第一次亲密动作——接吻。随后，尼采和莎乐美之间的关系明显增进，他们开始无话不谈，莎乐美的笑声也越来越无拘无束。

至于尼采，他和任何处于热恋中的男孩一样，兴奋得像个孩子。当天，他在激动之余还写下一首爱情诗《圣马可的白鸽》：

静悄悄的广场上，光阴在沉睡。我躲在宜人的荫凉里，把一支支悠闲的歌，像鸽群一样放飞到天空中。旋即，我又把它们召回，在华丽的翅膀上挂一个韵儿。呵，我是多么幸福，多么幸福！

可惜，大概是因为感情压抑得太久，尼采高兴得太早了。莎乐美对他做出的爱的回应，完全可以说是一时冲动，当她回到旅馆面对母亲和瑞之后，立即恢复了常态，对待尼采也变得和之前一样了。但是尼采却很投入，他还从来没有和异性如此亲密接触过，莎乐美带给他的爱情冲动，早已不由分说地占据了他的整个世界。

在瑞士的卢塞恩城，莎乐美虽然同意了和尼采单独见面，但是在整个约会过程中的态度却表现得非常生疏，好像急着要和尼采划清界限。眼见如此，尼采的眼神一下就暗淡了下去，他虽然仍旧保持着绅士应有的风度，但已经开始在内心中哭泣。还好，尼采已经在初战告捷中积攒了足够的勇气，因而这一次他仍然选择了迎难而上，他要为爱情之花的盛开拼尽自己的全部力量。

卢塞恩城里有一家颇有名气的照相馆，擅长拍摄以城市风光为主题的人物照。尼采知道年轻的女孩子都喜欢拍照，因而邀请莎乐美去这家照相馆。为了让莎乐美"放心"，尼采还以合影留念为由，一并邀请了瑞。应该说，瑞是一个很聪明的人，他虽然烦透了尼采，不愿三人一起去照相，但是眼看莎乐美热情高涨，他还是藏起不高兴的心思，接受了尼采的邀请。

在照相馆，尼采照旧忙前忙后。到了照相的时候，尼采甚至找来一辆小马车，让莎乐美坐上去，然后把马车的缰绳套在自己和瑞身上。为了加大"艺术效果"，尼采还临时做了一根鞭子，让莎乐美在镜头前作势抽向自己和瑞。最终，摄影师定格了三人的表情，尼采和莎乐美乐在其中，瑞的表情却显得极不自然。后来，瑞曾一度想要销毁这张照片，但无奈莎乐美和尼采都有保存，这张照片也就流传了下来。

至于尼采为什么要为莎乐美拉车，并且希望她用鞭子"抽打"自己，尼采曾经在他的著作《查拉图斯特拉如是说》中做出解释：那是因为他记得有一位老妇人曾经告诉过他，女人比男人更具有征服欲，而她们最想征服的就是男人。作为被征服的对象，没有什么比马儿更具有代表性了，鞭子显然是为了让征服的意味更浓烈。

不管怎么说，在这次拍照事件中，尼采还是占据了上风，瑞的表现多少有点让莎乐美不满意。尼采不仅对莎乐美清晰地表达了自己的爱意，同时还亮明了态度，即愿意为自己喜欢的人当牛做马。客观来讲，尼采的这种做法，隐含了一种病态心理。他把鞭子交给自己的心上人，借着被她抽打来获得快感，其中带有明显的自虐倾向。

尼采的心潮被压抑得太久了，因而他太希望得到唤醒和释放了，这种唤醒最好来自心上人，尤其是心上人的抽打。这种强烈的刺激能够让尼采感到一种生存的快感，以便让他能够确定自己还是一个活生生的人。这种心理可能还要追溯到酒神狄俄尼索斯，他曾经被撕成碎片而后重生，并且从这一过程中体验到了极大的快感。

为此，尼采又作了一首小诗：

地中海的北风，你是乌云的猎人、忧愁的刺客、上帝的清道夫。咆哮者，我对你多么倾心，日夜期待你降临我的世界，惩罚我，而后救赎我。我看见你骑着骏马飞驰，我看见你乘着车驾疾奔，我看见你手臂高悬，当你扬起闪电似的鞭子，狠狠抽打在马儿的脊梁上。

从这首小诗可以看出，尼采的内心世界非常痛苦，而这种痛苦他又已经习以为常。当疼痛变成了麻木，为了证明自己仍然活着，就需要接受更大的疼痛，这虽然是对肉体的折磨，对于精神世界却是莫大的抚慰。

三人团体

1882年，尼采还创作了两首诗歌，二者题材相同，表达的心境却完全相反。一首是在见到莎乐美之前，尼采在斯塔格里诺广场看见一位美丽的少女，灵感袭来，写下了这首温柔的抒情诗歌。此时，尼采对小女孩是怜金惜玉般地疼爱，这也反映出他的内心非常清澈，对爱情的向往也很朴实自然，可以说一切都还是美好的。

另外一首《一个渎神的牧羊人的歌》，写的却是一个被人欺骗而身心憔悴的牧羊人。尼采在诗歌中写道：

我躺在这里，病入膏肓，臭虫正把我叮咬，而那边依然人语灯光！他们纵情欢跳。她答应同我幽会，我等着，像一条狗，可是毫无动静。诺言岂非十字架？她怎能说谎？也许她见谁跟谁，就像我的山羊？

霓裳仙裙何在？我的骄傲何在？莫非还有别的公羊，在这株树旁安巢？恋爱时的久等，真使人烦闷！就在这样沉静的夜里，花园长出潦草，爱情使我憔悴，如经七灾八病，我全然不思饮食，你们去活吧！月亮沉入大海，众星已然疲倦，天色渐白——但愿我能就此长眠。

事情一直在不断向前发展，三个人的心情迥异，彼此间的距离也在发生变化。尼采似乎已经摸准了莎乐美的命脉，事情正在向着有利于他的方向发展。对于尼采来说，虽然向莎乐美求婚遭到委婉拒绝，但他并没有因此放弃，依然努力抓住哪怕一个小小的机会，来向莎乐美表达自己的爱意，说到动情处时，他甚至声泪俱下，难以自已。也许是被尼采的真情所感动，也许是出于对他的同情，莎乐美答应了尼采的邀请，准备和他一起去德国的图腾堡度假。

然而，就在这个空当，莎乐美的哥哥忽然赶来，执意要带莎乐美回国。莎乐美不得不听从哥哥的意思，准备回俄国。这自然让尼采没了主意。眼看着莎乐美就要回国，瑞忽然把自己的母亲请出山，对莎乐美进行挽留，莎乐美的哥哥这才作罢。本来，瑞的妈妈是不可能答应帮他挽留莎乐美的，因为她根本就不赞成二人在一起，但瑞做出妥协，答应母亲收莎乐美为干女儿。这样，莎乐美虽然能够留下，却不能和瑞再进行交往。

随后，莎乐美住在了瑞的母亲那里，并且一住就是一个多月。其间，在瑞和莎乐美之间虽然存在禁令，但他们二人每日朝夕相处，彼此之间的感情还是有了明显进展。此时，尼采的心情可谓坐过山车般起伏，一会儿想到自己和莎乐美独处时的快乐时光，高兴得合不拢嘴，一会儿又想到莎乐美正在和瑞独处，心情一落千丈。久而久之，他变得像以前一样，开始怀疑自己和莎乐美的关系能否继续下去。

7月的一天，尼采应邀到巴伐利亚参加音乐节。按照尼采的身体状况，原本不该去参加此次活动，但尼采有自己的如意算盘，那就是借此次音乐节和莎乐美在一起。为了实现这一想法，尼采说服妹妹伊丽莎白，让她邀请莎乐美一起参加音乐节。莎乐美自然乐于参加此次音乐盛会，并且在迈森贝克的热心推介下，她还凭借自己的才气与美貌大放异彩，成为音乐节上的一大亮点。

不过，伊丽莎白对莎乐美却很反感，她觉得莎乐美在音乐节上的表现不够谨慎，作为尼采的邀请嘉宾，她居然把尼采晾在一边，反而和尼采的"敌人"瓦格纳打得火热。最让伊丽莎白无法接受的是，莎乐美把那张尼采和瑞为她"拉车"的照片拿出来炫耀，似乎那是她的战利品一样。而且，当莎乐美见到柴可夫斯基的时候，又把瓦格纳晾在一边，转而围绕在柴可夫斯基身边不肯离去。

伊丽莎白以姐姐的口吻劝说莎乐美要注意女孩子的名誉，但年轻的莎乐美对此充耳不闻。当伊丽莎白忍不住提到尼采、瑞和莎乐美三人的关系时，莎乐美忽然被激怒了，她大声吼道："我可以和你的哥哥同住一个房间而没有非分之想，倒是你的哥哥总想占有我，你为什么不去质问他？在他的心里，永远只有婚姻，有哪个女孩子会一开始就和人谈婚论嫁？"

莎乐美的歇斯底里让伊丽莎白目瞪口呆。其实对于尼采和瑞，莎乐美夹在其间，并没有太多主见。关于三个人的关系，尼采确实是后来的插入者，而且还是那样地不肯放手。在此之前，迈森贝克也曾劝过莎乐美，局外人都能看得出来，三个人的关系很混乱。

事实上，三个人的关系远比世人想的要更激进，尼采、瑞和莎乐美已经尝试过三人同居，尽管只是停留在居住的层面上。这一建议是尼采提出的，莎乐美觉得这也许可以使三人从感情困扰中解脱出来，因而同意尝试，瑞也就被迫加入了。迈森贝克曾经提醒尼采，这样的方式肯定无法解决感情问题，反而会增加自己的痛苦，但尼采并没有听取迈森贝克的建议。他已经把莎乐美当成了自己的一切，自然不会在乎以什么样的方式和她在一起。

虽然伊丽莎白对莎乐美心存芥蒂，但还是按照尼采的吩咐，选择了接纳莎乐美。看着自己的哥哥在莎乐美面前神采奕奕，并且这种神采奕奕是久已不见了的，伊丽莎白终于意识到，尼采已经深陷爱河而无法自拔了。还有什么比尼采精神好转更重要呢？想到这里，无论是迈森贝克还是伊丽莎白，都不再努力改变什么了。

音乐节之后，尼采与莎乐美整天腻在一起，他们无时无刻不在聊天。尼采的思想和灵感犹如泉涌，不断喷发，对莎乐美的爱意也越来越浓。此时，可怜的伊丽莎白只好远远地躲开，为尼采和莎乐美创造独处的空间。伊丽莎白的心中忽然生出一股失落感，她开始担心莎乐美会把尼采抢走。

抛开其他人不谈，尼采确实处在不尽的欢乐中，他在莎乐美面前一会儿展示身体有多么健康、强壮，一会儿又拿出自己的诗歌，手舞足蹈地为莎乐美朗读。到了夜晚，时间和空间只属于他俩，尼采除了在精神上依恋莎乐美，也会向她提出性方面的要求。莎乐美当然明白尼采的意思，但是她并不打算接受，因为她从未打算把自己的爱情寄托在病恹恹的尼采身上。

相比而言，莎乐美更在乎的是瑞，对于尼采则多半只是怜悯。因此，莎乐美可以为尼采提供精神依赖，却并不打算为这份怜悯献身。对于尼采来说，莎乐美就是他的全部，他可以为她付出自己的一切，甚至自己的生命。为了和莎乐美在一起，尼采完全抛开了自己的贵族心态，把自己放到了低得不能再低的位置上。

美好的日子非常短暂，转眼间，分手的时间又到了，尼采心如刀绞。为了安慰尼采，莎乐美送给他一首小诗，题目是《生活的祈祷》。应该说，莎乐美选择这首小诗意味深远，她不仅是在安慰尼采，同时也是在向他表明底线。这一点尼采不会察觉不到，但既然是表明底线，就说明底线之上还有很多事情可做，尼采到底还是感到了安慰。

即便如此，尼采还是非常失落，更没想到的是，伊丽莎白把他和莎乐美的事情告诉了母亲，尼采回家之后挨了一顿狠狠的数落。对于母亲的责怪，尼采心中非常愧疚，好像一个孩子做了不争气的事情，但感情的事又怎么能说清楚，尼采对莎乐美的思念即使在他最愧疚的时候，也从来没有断绝过。

痛苦对于一位艺术家来说，也许并不是一件坏事，因为这能够激发他在艺术上的创作欲望。在莎乐美离开之后，尼采开始在痛苦中沉淀，一系列分量十足的作品也就随之诞生了，包括最著名的《热爱生活》。这首诗歌不仅词句华美，而且非常富有韵律感，后来尼采又为它谱了曲，配以管弦乐，能够表现出极佳的艺术效果。

不可否认，尼采在艺术方面确实天赋十足，莎乐美也正是被尼采的艺术天赋吸引，才对尼采始终保持着"剪不断，理还乱"的感情。对于尼采来说，这些艺术作品是为了慰藉心灵，或者说是为了寄托自己对莎乐美的思念。《热爱生活》不仅成了一件绝世佳作，也成了尼采和莎乐美的爱情纪念碑。

后来，著名的宫廷音乐家莫托曾指挥演奏《热爱生活》，引起观众的极大共鸣。尼采从未觉得自己是个音乐家，他公开自嘲道："作为一位哲学家，我认为最大的乐事莫过于被人当成艺术家，尤其是音乐艺术家。"由此可以看出，尼采在音乐方面确实很有天赋，但他却把自己界定为哲学家，认为诗歌只不过是业余爱好而已，是用来表达和抒发感情的小工具。

生活方面，尼采由于"得罪"了母亲，只得搬出家住。这对于尼采来说也没什么大不了，他甚至开始计划与瑞和莎乐美会合，并设想三人一起生活的美好图景。尼采也许不会想到，离他而去的莎乐美简直如释重负，此时正和瑞打得火热。母亲在尼采搬出家之后就开始后悔，她整日以泪洗面，不无绝望地对伊丽莎白说："要么让他（指尼采）娶了莎乐美；要么让他发疯，甚至自杀。"

一个月后，瑞和莎乐美赶来和尼采会合，三人在莱比锡租了一套房子。这次的三人相聚并不愉快，尼采和瑞之间的"争夺战"愈演愈烈，二人相互攻击的语言已经近乎谩骂。莎乐美对他们的表现已经习以为常，但是尼采还是能够感觉出，她站在瑞一边的立场更坚定一些。虽然在莎乐美看来有些无聊，尼采仍在尽自己的全力争取爱情，尽管他已经知道失败不可避免。

到这一年快要结束的时候，莎乐美还是决定和瑞离开，这等于是正式宣布和尼采就此划清界限。在车站告别时，尼采照例送给莎乐美一首小诗，这首名叫《新哥伦布》的小诗也成了他们之间的句号。虽然尼采想要做一位拿得起、放得下的绅士，但他实在受不了孤独的啃噬，后来还是忍不住给莎乐美写信。

瑞知道这样做对谁都没有好处，因而将尼采的信件全部焚毁，没有得到任何消息的莎乐美，也就彻底从尼采的世界里消失了。这样一来，尼采变得越来越绝望，他开始在信中责备莎乐美，甚至对她出言不逊。发展到后来，也许是服用了大量毒品（用于镇痛）的原因，尼采居然以自杀威胁莎乐美，但他同样得不到任何回应，因为瑞从来就不会拆开他的信。

这场还算轰轰烈烈的爱情，就这样拉上了帷幕。它带给尼采的除了痛苦，还包括一部沉甸甸的《查拉图斯特拉如是说》，里面道尽了他对莎乐美的迷恋之情。作为对尼采的精神回报，莎乐美创作了长篇小说《为上帝而战》，她如尼采所愿，把他塑造成了一个世人瞩目的英雄形象。后来，莎乐美还为尼采写了一本传记，推广与发扬了尼采的哲学思想和艺术观点。

第六章　文化苦旅

1879年，尼采离开巴塞尔大学之后，开始了长达10年的漫游生涯。与此同时，随着尼采心境的不断起伏，他的创作也开始进入黄金时期。在这一阶段里，尼采逐渐从一位学者，转变成一位才华横溢却性格怪僻的哲学家。这也让他的思想愈发具有深度，由此创作出来的作品，也越来越具有大师风范。

——"逃兵"的生活——

离开巴塞尔大学之后,尼采完全成了一个自由人。为了使身体能够尽快康复,同时保持最佳精神状态进行创作,尼采开始像候鸟一样,不断在欧洲各地进行迁徙,只为能够得到一个舒适的自然环境。由于常年身染重病,尼采的身体对环境非常敏感,稍微有点变化就可能让他的病痛急速加剧。

尼采和所有常年受到疾病困扰的人一样,喜欢洁净、干爽和光照充足的地方,想来想去只有海滩最适合,因此尼采几乎常年与海为伴,以至于整个地中海海边几乎都留下了他的脚印。景色秀美的湖畔,也是尼采钟情的地方。在尼采看来,享受美好环境是人生一大幸事,而且他认为天才就应该生活在这种环境中,潮湿和阴冷的环境则会扼杀天才。

为了尽可能地满足自己的身体需要,尼采总是随身带着一组测量仪器,每到一地首先测量那里的温度和湿度。久而久之,尼采练就了一项超人的本领,就是每到一地之后,即使没有测量工具,他也能准确无误地判断出当地的温度和湿度。后来,甚至有人打趣说:"尼采不去做气象预报员,真是浪费了一位人才。"

当生活和环境完美结合后,尼采的创作开始呈现出井喷之势,并且在质量上也有了很大程度的提高。此时的尼采才意识到,自己在瑙姆堡和巴塞尔浪费了太多时间和精力,那两个地方简直就是为他量身定做的"地狱"。相比之下,尼采对意大利南部的城市更为心仪,这也让尼采的很多伟大作品都打上了深深的地方烙印。

不难想象，对于尼采这样一位感性的艺术家而言，只要不断接受来自外界的刺激，就能不断迸发出灵感的火花。所谓"熟悉的地方没有风景"，持续的环境转换不仅为尼采带来了身体上的舒适，同时也在精神上让他体验到了强大的愉悦感。尼采回忆，在瑞士的西尔斯湖畔，他曾经对着清如明镜的湖水久久沉思，体验到了一生中最美妙的任由思绪驰骋的快感。

在意大利的热那亚，有一个宁静而美丽的海湾，名叫拉帕罗海湾。在1881年的雨季中，这里每天细雨霏霏，尼采冒着小雨在海边漫步，最终将《查拉图斯特拉如是说》的基本框架构建出来。经过一段时间的疗养，尼采已经可以感受被雨水打湿发梢的感觉，也正是这份美妙的感觉，让尼采的思绪来了一次集中爆发。

此外，由于从小受到贵族家庭的教育，以及自己的肠胃功能虚弱，尼采对于饮食也是非常挑剔的。总体来说，尼采对于食物的要求很高，甚至对菜品的辅料搭配都很考究。他主张适可而止地饮酒，排斥素食主义，同时奉行"七分饱"的原则。尽管如此，为了保证工作时间不被占用，尼采还是为自己规定了严格的用餐时间，哪怕是和朋友或其他人一起用餐。除了食物，尼采每天早起都会喝一杯浓茶，具体的浓度还要根据气候变化而定。

闲来无事，尼采也会"客串"一下美食家的角色，对他品尝过的各国美食进行点评，点评还会和这些国家的文化联系在一起。比如他认为德国饮食会造成脾胃受损，而德国文化也多少有点"消化不良"；法国饮食返璞归真，法国文化也崇尚自然。对比下来，尼采认为意大利菜最好吃，同时也认为意大利的文化最璀璨；而对于以难吃著称的英国菜，尼采则未做具体评价，对英国文化也是一笔带过。

哲学家就是哲学家，即使面对生活中最不起眼的小事，也能通过抽象的联想，投射到哲学和艺术上。其实，艺术确实是相通的，哪怕最不起眼的事物，只要遵循了艺术特性，就能表现出强大的美感。在尼采看来，这份艺术性其实就是生命力，无论是对于一个人来说，还是对于一株小草来说，强大的生命力都能让其绽放无限光彩。

由此，尼采也深切地感悟到，一个人必须有强健的体魄，然后才能有激情、有信心、有能力去面对一切。要得到健康的体魄，首先当然应该关注饮食，因为这才是一个人健康和强壮的根本所在。从这一点来看，尼采关注饮食非但不会分散精力，反而有利于他精力充沛且集中全力地去工作。尼采甚至觉得，食物的纯净和心灵的纯净有着必然联系，由此也可以看出，他对食物的挑剔以及对精神世界的追求。

尼采还是一个有洁癖的人。作为一个理想主义者，尼采总是竭尽全力地去追求完美，因此对于生活环境的洁净追求达到洁癖程度，也就不足为奇了。不过，尼采之所以会形成洁癖，还有一方面原因，仍然关系到他的身体状况。由于长年受到疾病困扰，尼采自身的免疫系统非常脆弱，再加上服用了大量药物，他的免疫力已经下降到了极点，在这种情况下，生活中任何一个细节不够洁净，都可能给他带来病痛。

当然，和生活中的不洁净比起来，尼采显然更加厌恶精神上的肮脏。他曾经在自己的著作中写道："我愿意接纳一切淳朴自然的东西，因为那会让我的精神得到涤荡，给我的感觉就好像是在清澈的湖水里游泳。无论你如何自由自在地游动，都不会搅起湖底的细沙，即便那细沙被搅起来了，也不会让湖水变得浑浊。"

这一时期的尼采似乎已经摆脱了身体和精神上的折磨，但这一切仅仅是看上去很美而已。由于一个人长期辗转各地，尼采虽然可以寄情于景，夜深人静后却仍然不免被孤独和寂寞啃噬。应该说，真正的哲学家都活在孤独当中，这不是因为他们喜欢孤独，而是只有孤独才能让他们静下心来思考，从而沐浴在灵感的海洋里，为人类创造出闪光的思想。包括哲学家自己在内，没有人会喜欢孤独，因而哲学家们面对孤独大多存在矛盾心理。

对于孤独，尼采有着清醒的认识，在写给友人的信中，他这样说道："我渴望的不是离开孤独，而是恢复健康状态，我想拥有清晰的意识、完整的自我、舒适的感觉、自由的呼吸和新鲜的空气。至于孤独，那是创作的良田，我离不开它，甚至对它求之若渴。"既然是这样，尼采为什么还要歇斯底里地追求莎乐美呢？

原因很简单，他在孤独中徜徉的时间太久了，神经麻木的他已经不知道孤独感为何物，跳出孤独的海洋晒一晒阳光，自然能够更好地感受孤独。事实上，尼采所创作的《查拉图斯特拉如是说》一书，通篇都是在歌颂孤独，尼采甚至想据此举办一场孤独盛宴，尽管参加这场盛宴的只有他一个人。由此可以看出，尼采的病态心理让他觉得自己只有处于精神亢奋状态，才是正常状态，《查拉图斯特拉如是说》一书也正是在这种状态下一气呵成的。

后来，奥地利著名作家茨威格曾创作《与魔鬼搏斗》一书，书中对尼采这一时期的生活场景进行了还原：

阿尔卑斯旅馆住着很多彼此陌生的旅客，其中大多是无家可归的老妇，她们最热衷的事情是三五成群地扎在一起，对眼前的陌生人窃窃私语。每天，提醒旅客吃饭的钟声敲响，都会有一个人走进简单的餐室，他身形瘦弱，躯体佝偻，一双不安的眼睛总是朝四周扫视。据说，这双眼睛已经半盲，尽管它看上去是那样的完好无损。

他总是穿着黑色的衣服，每天都洗刷得很干净。他的肤色或者说脸色不怎么好，但他那一头棕发很漂亮，总是梳着标准的波浪形。此外，他的眼睛也是黑色的，隐藏在厚厚的眼镜后面，给人无比深邃的感觉。他似乎有些胆怯，总是悄无声息地行动，似乎走到哪里都能营造一片安静的天地。不过，他很有礼貌，对于任何一个有交集的人，他都会给出最亲切的问候，尽管对方的回应有时并不那么礼貌。

落座之后，他并不急于就餐，而是托着眼镜仔细检查一遍食物，就连茶的浓度他都会用滴管进行测试。其他如盐是不是放多了，油是不是放多了，以及有没有带刺激性的食材，都会一一进行检查。除了主餐之外，他不喝红酒，不吸雪茄或香烟，也不吃任何餐前餐后的小点心。偶尔，碰上一位健谈的邻居同坐一桌，他也会和对方交谈几句，但从来都只限于恭敬的回应。

用餐之后，他就回到楼上那间狭小的屋子，里面家具简陋，但随处都是纸页。角落里的那个大木箱，装着几件破旧但干净的衣服，那是他的全部家当。翻开桌上的纸页，可以看到一个小盘子，里面装着各种各样的瓶瓶罐罐，那是他为了应付各种病痛准备的。可惜，由于条件太过简陋，他的病痛无法得到有效缓解，因而一天中的大部分时间都无法工作，甚至不能很好地休息。

为了保暖，他不得不整天穿着一件棉大衣，并且用围巾把整个头也包起来。但是，由于每天要进行大量的书写，他的双手必须暴露在外面，因此导致了严重的冻伤。然而，最大的困扰还不是写字，而是他看东西越来越吃力，尤其是在连续书写几个小时之后，他的眼前完全是一片模糊，眼泪也会止不住地流出来。

在晴好的天气里，他会走出去沿着海边散步，但从来都是一个人去一个人回。在整个散步过程中，他会陷入深沉的思考，因而，即便碰到有人和他打招呼，也往往得不到他的任何回应。久而久之，这里的人都觉得他是一个怪人，也就没有人再去打扰他了。回到旅馆，他从来不会像大家那样，到其他人的房间里去坐一会儿，他的房间倒像是他的牢房。

到了晚上，他会吃上几块自备的饼干，然后喝下几口寡淡的清茶。不知是睡不着还是不想睡，他每天都会工作到很晚，有时就只是呆坐在窗前，望着夜空下的大海一动不动。直到他意识到，如果再不睡第二天就无法正常工作了，才会起身去找安眠药，然后才能得到一个噩梦不断的睡眠。有时候，他会伴着抽搐或呕吐醒来，但他知道没有人会来帮他，因而就只是呆呆地趴着。稍微好转一点儿再坐起身，直到能够起身走动，再去拿安眠药。

很显然，这个人就是尼采。对于他来说，虽然城市的名字一直在换，但住所却几乎没有什么变化。无论是在索伦托、都灵、威尼斯，还是在马林巴特，尼采都要孤身面对冰冷的一切，并且是他自己想要这样的境遇。也许，尼采也曾渴望过，在他忍着头痛和胃痛赶完一天的稿子后，在冰冷的被窝里，能够有一个女人温软的身子，那样他的疲惫就会被接下来的缠绵一扫而光。

　　事实是没有，命运并未给他安排，尼采也不想再去寻找。因为莎乐美给他的伤害，已经足够他用来舔舐伤口和体验疼痛，这是他最好的创作源泉。在几千个寂寞难耐的夜晚，尼采想的并不是莎乐美，而是哲学和艺术，以及如何使哲学和艺术变得更迷人。

痛并快乐着

在伟大的《查拉图斯特拉如是说》问世之前,尼采的创作并没有停滞,他还在准备期间顺手完成了两部著作,即《曙光》和《快乐的科学》。其中,《曙光》一书表现出尼采在逐渐脱离实证主义,尽管他的学术研究正在不断深化,理论层面的宽度也有大幅增加。《快乐的科学》一书是尼采主要思想的体现,包括权利意志、永恒循环和超人意识等。从某种意义来讲,这两本书为《查拉图斯特拉如是说》的诞生奠定了基础,它们都是深奥、明快和亲切的,都是尼采巅峰思想的序曲。

《曙光》一书的完成大概在1880年,一年之后修订完毕,交付出版商发行。在谈到这本书的时候,尼采这样说:"书中的每句话都来自热那亚,在热那亚市郊的群岩中,我每天对着海风沉思,挖掘灵魂深处的感悟,好像是在和大海商议人类社会的问题。"尼采同时还提到,虽然这本书是在孤独和黑暗中完成,但是却指引着人们去拯救自己,去追寻自由和光明。当然,在追求自由和光明的过程中,人类需要承受各种各样的危险、灾难和迫害。

在当时,尼采的这种说法虽然多少有点反道德的意味,但他对此不屑一顾,甚至为能够向传统道德发起挑战而感到庆幸和自豪。在尼采看来,人类不可能自觉走上正路,因为人类并非受神性控制,而是受自身的本能控制,包括惰性、贪婪、腐朽和颓废等。

也许很多人都能够遵守道德,但这不能证明什么,因为他们之所以会遵守道德，很可能是出于奴性、虚荣、自私、功利和逃避等原因。尼采甚至认为道德本身是邪恶的，因为它会束缚人类的天性，并最终让天性走向扭曲和极端。比如，有些人在动物身上表现出很有爱心，但是对于人类却残忍至极。尼采因此认为，道德对于人类社会是弊大于利的，它非但无助于解决各种问题，还会凭空增添很多灾难，只会让人类越来越愚钝和痛苦。

与此同时，道德还会让正直的人背上沉重的包袱，让天才生活在阴暗的角落里，却让那些跳梁小丑耀武扬威。需要说明的是，尼采虽然反道德，但他反对的不是道德本身，而是那些利用道德满足自己私欲的伪君子们。尼采希望可以升华道德，至少让人们认清道德的本质是什么，如此才能创造出一种超人道德，因为他相信上帝并不存在，人类必须利用自身的力量，对那些妄图践踏道德的人实施惩罚。

尼采誓与基督教及一切宗教势不两立，因为他觉得相比道德而言，宗教更容易让那些别有用心的人钻空子。对于那些浪漫主义者和搞个人崇拜的人，尼采同样嗤之以鼻，他认为这些在本质上和道德、宗教并无区别。那些每天标榜艺术、实际上却醉生梦死、干着亵渎艺术的丑事的人，尤其让尼采感到愤怒。尼采的观点很简单，这些人口口声声在说着提高人类心智的话，暗地里却无一不在做着降低人类心智的事。

在《曙光》一书中，尼采没有提出新的观点，有些内容甚至存在重复和矛盾的现象，但是从行文上来看，这本书显然在语言上更加精练，在主题上更加集中，在艺术上也更具美感和韵味。客观来讲，尼采对这本书的信心并不是很足，因为他认为书中的每个字都应该进行反复推敲和斟酌，但由于出版商催得紧，他只能在规定时间内尽自己的最大努力完成，这也是尼采不喜欢这个社会的原因。

在尼采看来，这是一个着急忙慌，以至于让人喘不过气的时代。为了在书中更好地向读者传递信息，尼采特意使用了相对通俗的语言，所以在这本书出版之后，读者的不闻不问自然让他很失望。事情往往就是这样，我们越是对一个人或一件事寄予希望，可能得到的失望就会越大。尼采将他的希望寄托在了所有人和所有事上，他得到的便不仅仅是失望，而是远远超越了失望的孤独。

《快乐的科学》一书在1881年年底完成，尼采当时住在西西里岛上，和当地的一个少数民族生活在一起，受他们的启发写了这本书。尼采在书中颂扬了歌手和骑士的精神，并且认为这种精神的内核是向往自由，包括精神上的自由和身体上的自由。尼采的思想在这本书中变得越发丰富，即兴、简练、诙谐而睿智的短语比比皆是，可以想见尼采在创作这本书的时候一定精神愉悦。

然而，不要以为尼采精神愉悦，并且把书名定为《快乐的科学》，就是要对科学大唱赞歌了。恰恰相反，他仍然保持着坚定的反科学态度，唯一的不同是他批判的程度更深，力度也更大了。尼采在这本书中的另一个观点是，人类研究一切事物都是为了追求快乐，但是为了让更多的人拥有快乐，必须由一小部分人承受痛苦。显然，尼采把自己归入了这小部分人里，他已经做好了为人类"至乐无上"而"悲伤致死"的准备。

在尼采看来，真理和知识是充分非必要关系，即真理一定是知识，但知识不一定就是真理。知识的存在价值在于为人类提供生存需要，而真理的存在价值是让人类得到精神解放，二者在价值上根本不可同日而语，但大多数知识分子都在混淆视听。当然，所谓的科学就是知识，而哲学和艺术则是真理，这就是尼采对待科学的基本态度。

那么，知识和真理能否达成一致呢？尼采的答案是很难，难到接近于不可能。原因很简单，科学家制造的知识有对有错，这是必然的。人类关心的并不是对错，而是对自己有没有利用价值，因而在长期的自主选择下，一定会留下很多错误知识。尽管如此，后人还是会乐此不疲地承袭下去，甚至当作真理来对待，等到问题出现时已来不及补救。

对于普通大众来说，并没有能力辨别知识的真伪，因为人们总是被裹挟在知识洪流当中。这也许并不可怕，可怕的是问题出现后他们根本没有面对的能力，甚至没有面对的心理准备；更可怕的是，由错误的知识所造成的严重后果，往往也要由普通民众来承担，而这个时候，往往也到了社会矛盾严重激化的关头。

另外一个灾难也不陌生，那就是人们对于知识的解释权的归属问题，总是存在分歧。由于每个人都觉得自己的知识是真理，人与人之间必然存在矛盾，当这一矛盾上升到国家和国家之间或者民族和民族之间的时候，矛盾便很容易演变为冲突。想想看，有多少哲学家呼喊着为真理献身的口号，而加入到了残杀同类的队伍中。

为真理而奋斗固然没错，但如果单纯是为了自己的真理而奋斗，不仅无法推动人类社会发展，还会为人类社会带来灾难。那么，我们要如何为真理而奋斗呢？尼采并没有直接给出建议，他只是清楚地告诫世人，知识和本能往往会发生冲突。在这种情况下，我们是让知识服从本能，还是让本能服从知识呢？尼采显然更倾向于前者。

尼采虽然否定了知识，但是他却非常注重诚实，他认为人们在生活中必须诚实，包括必须服从自己内心最深处的呼声；此外，在面对自己的能力的时候，同样需要诚实，只有这样才能做出正确的选择，简单来说就是"人贵有自知之明"。尼采认为，诚实是真实的开始，而真实又是真理的开始。为了追求真理，人类只有从诚实开始做起，才能在不断的实践过程中使自己成长，直到有一天触碰到至高无上的真理。

不过，人类想要做到绝对诚实，又几乎是不可能的。比如在陌生人面前，人们总会有意或者无意地隐藏自己，这同样是由于自我保护的本能驱使；与此相反，对于和自己亲密无间的朋友，人们又往往能够坦诚相待，这个时候的诚实同样出于本能驱使。对于那些超出人类认知范畴的事物，人们就更不可能诚实了，因为他们根本就无从知晓，只能借助宗教的力量来保障自己的安全感。

斯宾塞作为英国著名的哲学家，曾经想过还原真理。他把人性归入"自然主义"，在结合人类社会之后发展为"社会有机论"，从而把人性和机械力学统一在了一起。尼采对此持完全反对态度，他认为人性之所以长久以来始终无法说清，最根本的原因就是人性当中充满了不确定性，因而他反对一切把人性简单处理化的所谓真理。

不得不说，斯宾塞的"社会有机论"也是建立在科学基础之上。于是，尼采干脆从科学层面进行分析，认为斯宾塞的理论会把人类变成一群机器，然后按照简单的算法来进行人际交往。在分析的最后，尼采忍不住愤怒地说："这是多么愚昧！这种所谓的机械论，一旦成为人类社会的普遍真理，会把我们推向多么无意义的世界啊！"实际上，不仅尼采对斯宾塞的理论提出反对，就连科学界也没有接纳这一理论，他们认为斯宾塞是在滥用科学。

科学界抛弃斯宾塞的做法，在尼采看来多少有点可笑，因为这显然有"弃卒保车"的嫌疑。尼采反对科学，这一立场是始终的、鲜明的，现在他将矛头对准了斯宾塞，科学界立即表示抛出斯宾塞任尼采宰割，意思就是让尼采适可而止。尼采又岂是那么好应付的？他不但没有就此作罢，反而紧紧抓住斯宾塞做文章，对科学界发起了又一次猛攻。

斯宾塞可以抛弃，但他的老师是谁，他继承了谁的学说，又曾经吹捧过谁，这些人科学界总不能统统抛弃吧。尼采这一次的论点是，科学仅仅是对事物的认识，它无法解释世界的整体和终极，因而也就无法解释事物为什么存在，更不可能对整个世界的本质形成认识。应该说，科学家对于一些无关紧要的事物，确实有了些研究成果，但是距离一切事物的普遍真理还有很大距离。

与此同时，科学也无法为人们的生活确立目标，而只有在人们确立目标之后，它才能派上用场。换句话说，科学只是人们满足生活需求的手段和工具，它与人类能够获得幸福没有必然联系。就好像两个人同时进餐，其中一个人非常愉悦，另一个人则愁眉苦脸，这与他们使用的餐具有多大关系呢？一项科技的发明，可能会让人类感到幸福，但是随着这项科技的推广，人们的幸福起点又回到了同一水平线上，可见科学对于幸福并不起决定作用。

此外，科学还可能加剧人类的灾难。比如两个人之间产生矛盾，如果没有科学的介入，他们只能拳打脚踢，结果不过是彼此受点皮外伤；可是，在科学介入之后，他们可能每人手里都多了一把枪，这样在头脑一热的情况下，很可能就是一条生命的消逝了。两个人如此，两个国家或两个民族同样如此，科学一旦被邪恶主宰，就会爆发出难以想象的破坏力。

面具人生

客观来讲，虽然尼采对科学的态度不是很友好，但是他对于科学的存在价值，还是给予了一定的承认。只是科学家们热衷于把科学的作用无限放大，这才让尼采非常反感，以至于对待科学的态度越来越恶劣。尼采认为，解决人类社会的问题，根本还是要在哲学和艺术层面上有所建树，科学可以居于辅助地位，帮助哲学和艺术更好地解决问题。

按照尼采的构想，应该把社会人性化，然后再把人类艺术化。通俗来讲，就是在思考社会问题的时候，要提高到思考人性的高度，在思考人类问题的时候，则要提高到思考哲学和艺术的高度。由此可以看出，尼采还是把哲学放在了至高无上的地位，认为人类的问题要交给少数的天才来解决，而不是妄图通过一门学科（即科学）来解决。

当科学家们推出"自然律"来对抗尼采时，得到的却是更致命的打击。为了说明自然律的弊端，尼采做了一个比喻，他说："当我们遇到一个美丽的姑娘时，精神会产生多么大的振奋，我们会展开各种各样的联想，把自己带入美妙的境地。在这种良好精神状态的促进下，我们的身体也会变得异常惬意，这也是每个人所向往的事情。可是，如果把自然律引入其中，爱情这朵美丽的花立即就会枯萎。因为按照自然律的解释，人类之所以会发生爱情，最根本的目的在于种族延续。"

因此，尼采认为科学会破坏一切美好，最终也将会让人类陷入痛苦和绝望。不难想象，对于尼采这样一位生活在感性中的哲学家和艺术家来说，科学想要发扬光大，无异于对他的人生信仰进行亵渎。尤其让尼采无法接受的是，很多哲学家并没有发出反抗的声音，而是在粗暴的科学面前选择了逃避。对于尼采来说，他可能在任何方面选择逃避，唯独在面对学术问题的时候，他是从来不会做出一点让步的。

"我们要勇敢地去爱、去恨、去感受，梦想会指引我们前进的方向，力量会贯穿我们的全身，从而让我们无惧无悔。"这是尼采对全人类发出的号召，他要借助艺术的美妙，传递哲学的力量，从而让每个人的生命得到升华。为此，尼采仿佛具备了流浪者的精神，他不再关心结局，而是越来越看重过程，同时也学会了享受过程。尼采的想法很简单，就是要让人们在面对艺术的时候乐在其中，如此才能摆脱科学的束缚，从而达到人生的最高境界。

为了能够推翻科学，尼采开始自创一些观念，如"上帝已死""价值重估"和"查拉图斯特拉形象"等。最重要的是，尼采还为世人描绘了一个"超人"的雏形，他将这个超人形容为"带着妙不可言的钻石般的光辉"。至于人类，尼采认为是超人的复制品，即便是最鲜活的人物形象，也至多拥有超人身上的一个优点。超人则天生拥有所有优点，他会引领人们走向极乐世界，同时战胜那些妖魔鬼怪，为真正的哲学和艺术披荆斩棘，开山铺路。

这位超人除了拥有各种各样的优点，还有一个最大的优点，即他永远能够认识到自己的不足，因而能够不断进步和壮大。他会越来越健康、强壮、敏锐、坚韧和快乐，同时也会越来越具有胆识，而这些优秀的品质也自然是人类学习的对象。为了鼓励大家，尼采还为大家描绘了一幅美好的未来图景，那里充满华丽和圣洁，能够让人类的一切欲望得到满足，同时也可以让人类感受终极的自由。

客观来讲，尼采在这一时期的思想并不够完善，因而他的很多观点并不能很好地说服世人，但他的观点又不失系统性，几乎没有哪个观点是独立存在的。一旦他的观点受到质疑或发难，尼采总是能够以必胜的姿态去迎战。此时的尼采正在酝酿《查拉图斯特拉如是说》一书，他着手写的很多书都是如此自信满满，随即发难或回应别人的观点，也就更是如此了。

这本书里的观点闪烁着尼采的智慧光芒，正如尼采自己所说："这不仅是一本书，它胜过太多的书，完全可以和很多名著相媲美。对于我来说，这可不是一种美好的意愿，而是一种庄严的许诺，我会带着我的实际行动，用掷地有声的回答迎接挑战。我的声音会快如海风，坚定如锚，用势不可当的姿态，赢得大海的笑声！"显然，尼采又一次把自己当成了战士，他不在乎孤独有多漫长，只在乎最终的真理是否属于自己。

不言而喻，既然尼采选择了这样一条路，他的生命就注定充满坎坷。还好，在伤痕累累和疲惫不堪的时候，他还能躲在音乐的世界里疗一疗伤，就好像一个受了委屈的孩子，一头扎进母亲的怀抱。在音乐的慰藉下，尼采的情绪会逐渐平复下来，继而充满力量，紧接着又会逐渐走向剧烈的起伏。也许是思考的东西太多也太深了，尼采的精神创伤常常让他遍体鳞伤，因而仅仅在热那亚歌剧院，尼采就听了二十几遍《卡门》。

有时候，尼采也会回忆过往时光中的美好，这个时候就少不了想到莎乐美，以及自己为她谱写的《热爱生活》。这首曲子悠扬中透着激荡，总能在不知不觉中把人推向亢奋，却又使听众的心情如同沸水一样最终归于平静。尼采对这首曲子的定义是"悲剧激情"，除了表现超越生命的快感，也表现了对幸福的渴望。在歌词中，尼采写下这样一句："我为长生鸟披上无比轻盈和灿烂的羽毛，但它从我身边一掠而过，从不曾停下来把我环绕。"

尼采对音乐到底有多热爱，他自己曾经说过这样一句话："如果没有音乐，我的人生将只剩下痛苦，我的创作灵感也将随之枯竭。"尽管尼采对音乐求之若渴，但是他从来没有饥不择食过，他对于音乐的挑剔之苛刻，丝毫不逊于他对饮食的态度。具体来说，尼采比较钟情积极乐观的音乐，比如《第九交响曲》。沉醉的时候，尼采会完全融入音乐，即便在最简陋的小旅馆里，也能够感受到最完美的灵魂享受。

除了倾听，尼采还会在条件允许的情况下亲自弹奏。虽然视力下降和身体虚弱时时困扰着他，但是让纤纤十指在琴键上起舞，尼采的这种快乐无法用其他方式替代。自己弹奏，指下流淌出来的音乐就完全是随性而为了，有时候同样的一首曲子，只因为尼采心情不同，就会被弹奏出完全不同的感觉来。

在提到自己的音乐创作时，尼采颇有感触地说："我喜欢把终点放在比较稀少、缥缈和细弱的音符上，至于那些中规中矩的常用音符，则通常被我用来对抗。这种变弱小为强大，然后打败常态下的强大的感觉，是我在音乐中最美好的体验。作为一名音乐家，虽然我的视力无法正常工作，但是我的耳朵却能够超常工作，所以音乐在我面前毫无阻碍。"的确，凭借那双精致的小耳朵，尼采能够分辨听到的每一个音符，甚至能够在键盘上弹出刚刚听到的曲子。

不得不说，尼采能够创作出《查拉图斯特拉如是说》这样伟大的作品，音乐的作用不容忽视。如果说尼采用哲学构建了"超人"的骨架，并且用艺术丰满了"超人"的血肉，那么音乐就是他赋予"超人"灵魂的工具，当然也可以说是点睛之笔。由此也可以看出尼采的创作思路，即"哲学先行，艺术随后，音乐贯穿"。这样与众不同的创作思路，注定了尼采的作品不会流于世俗。

精神走向愉悦自然是件好事，但精神的过度亢奋，也让尼采透支了体力。于是，尼采不得不拖着沉重的身子回到现实中，而这一回头才愕然发现，自己已经是伤痕累累。由于眼疾仍在进一步加剧，尼采的视力已经下降到了极点，连正常写字都成了问题。为了解决这一问题，尼采不得不开始使用打字机，这也许是尼采一生中唯一一次向科学妥协。

在嘀嗒嘀嗒的击键音中，尼采的思想开始转化为方方正正的文字，这也解决了誊写过程中因字迹模糊而造成的一系列问题。只是很可惜，机器打出来的字冰凉如水，再也没有尼采亲手写出来的那样亲切感十足。即便是对于后世的收藏家来说，也大多更喜欢搜集他的手稿作品，最终甚至拍出天价，而对于他的机打稿，却很少有人问津。尼采不可能顾及这些，毕竟和机打稿比起来，什么都没有更让人无法接受。

有意思的是，著名的笔迹专家克拉克，通过尼采的笔迹分析出他的性格。据他研究的结果称：通常来讲，伟人的手迹都会有些类似，并且大多龙飞凤舞，大开大合。尼采的笔记显然与他们不同，他更愿意把字迹写得有灵气一点，但同时又不失男性的阳刚之美。这说明尼采有着极高的严谨性和自制性，同时也可以看出他有着强烈的自尊心。

他笔下的字与字间距很大，有时候不小心出现错误，不惜完全推翻重写，似乎他是一个精力旺盛到取之不竭的人。不过，尽管尼采的字力透纸背，却仍给人轻盈孤立的感觉，好似他的心中总怀揣着一丝不安。对此，克拉克断言："这不是实干家的笔迹，而是一种拥有极端思想的精神坚定者的笔迹，他有着强大的自我意识，任何人似乎都无法摧毁他。"

按照克拉克的分析，尼采的字迹似乎存在一种矛盾：乍一看似乎很轻盈，甚至有一点弱不禁风的感觉，但实际上却力透纸背，给人的感觉异常坚定。对此，克拉克认为尼采是一个戴有面具的人，即他总是把真实的自己掩藏起来，每天用一张虚假的脸去面对世人。克拉克的分析不可谓不精准，尼采确实已经把真正的自己"掩埋"了，他所表现出来的是一个理想化了的自己，同时也是他疯狂追寻着的自己。

由于思想意识的超前，尼采的很多观点都与世人大相径庭，这使他与大多数人格格不入，事实上这也正是他无比孤独的原因。为了尽可能减少这份孤独，尼采只能把真实的自己藏起来，然后尽量寻找一张和众人相同的面孔，以便融入到生活中去，久而久之便形成了"面具"。当然，这面具对于尼采来说是痛苦的，他会因此感到压抑，对包括自己在内的一切事物感到失望甚至绝望。

不过，尼采对此也有清醒的认识，所以他把自己分成了现实中的自己以及理想中的自己，然后把两者分开对待。于是，生活当中的尼采温文尔雅，任何见过他的人都说他是一位绅士，从未有人见过他发脾气；但是到了著书立说的时候，尼采又变得了凶神恶煞，稍有忤逆他的观点，就会招致他暴风骤雨般的攻击。

伟大的序曲

对于尼采来说,《查拉图斯特拉如是说》显然是其一生中最重要的作品之一,该书完成于 1885 年,共分为 4 个部分。值得一提的是,尽管这本书完成跨度较长,前后用了约 3 年的时间,但是单个部分的完成时间却非常短,基本都在 10 天以内。也就是说,这本书的每个部分都是尼采一气呵成的,只是一气呵成的间隔稍长了些。可以想见,实际上用如此短暂的时间完成一本书,尼采的精神必然处于亢奋状态,而这也和他在创作期间的一些境遇有关。

应该说,《查拉图斯特拉如是说》的诞生,与宗教有着不解之缘。在此之前,很多人都认为尼采对宗教持完全反对的态度,实际上并没有这么简单。莎乐美就曾经说过,尼采身上有几个非常典型的形象,包括向往自由的哲学家、天赋异禀的诗人和才华横溢的音乐家,但鲜为人知的是,尼采还是一个具有宗教虔诚思想的天才。按照莎乐美的看法,尼采的哲学思想中一直带有宗教冲动的色彩,他的很多观点都给神留出了位置,并试图创立一个由神灵组成的理想世界。

尼采自己也承认,与他的精神世界联系最紧密的,就包括宗教文化。不过,尼采对宗教文化的吸收,始终处在被动的和不自觉的状态中。比如他反对基督教,甚至与上帝"搏斗",但是他的反对和"搏斗"越深入,需要了解和掌握的宗教文化就越多,以至于他比一般的信徒更了解宗教。从另外一个角度来看,尼采对哲学和艺术的痴情,不正是和教徒的虔诚如出一辙吗？

当然，尼采在研究宗教的整个过程中，他创立了宗教心理分析学，以便能够保有自己理论上的"根据地"。即便如此，宗教对尼采的启发，还是投射到了他的作品中，《查拉图斯特拉如是说》一书就是一例明证。尼采在塑造这本书的主人公查拉图斯特拉时，就受到了宗教的启发，此外，这本书的创作形式，也或多或少地受到了一些经文的影响，尽管尼采从未提及此事。

查拉图斯特拉是一位伟大的预言家，他具有神秘的与生俱来的洞察力，所以他生来就是要为人类传递神的旨意。在查拉图斯特拉身边，尼采还为他安排了一只鹰和一条蛇，不可思议的是，尼采还在《查拉图斯特拉如是说》一书中融入了《圣经》和佛教的思想。他甚至把这称为自己的发明，是他的骄傲。

尼采出身宗教家庭，他的父亲是基督教的神职人员，因而他自幼便受到宗教熏陶。据说，尼采很小的时候，就能够成段背诵《圣经》里的内容，对于父亲的很多宗教活动，他也进行过有意或无意的模仿。后来，尼采想要反对宗教，就必须对宗教有所认识，尤其需要深入研究信众最多的基督教。

因此，在《查拉图斯特拉如是说》一书中，出现了很多与《圣经》相对应的情节，如超人和上帝的形象相对应、圣柱和十字架的形象相对应、幸福岛和伊甸园的形象相对应等。在写给好友罗德的信中，尼采这样说："我已经把德语运用到了最高境界，这也是在路德和歌德之后，德国文化第三次质的飞跃。"尼采对自己的褒奖并不过分，他的作品相比路德的作品更加细腻和井然，相比歌德的作品又更加雄浑有力。

可以说，尼采的《查拉图斯特拉如是说》一书，集力量、活力和音律美为一体，是一本集古典之大成、开浪漫之先河的杰作。不夸张地说，如果读完《查拉图斯特拉如是说》再去读路德或歌德的作品，基本可以用俯视的目光；而读完歌德和路德的作品，再去看尼采的作品，仍然需要用仰视的目光。换句话说，尼采的思想不仅是对路德和歌德思想的继承，而且是对其升华和美化,这也正是尼采的思想魅力所在。

在后来的自传中,尼采还曾提到这本书的创作灵感,他这样写道:

所谓灵感,乃是只闻其声,不见其形的东西。你可以牢牢地抓住它,把它转化为自己的东西,但是你永远也无法知道,这灵感是谁给的你。灵感来时,思想的火花好似空中闪电,以迅雷不及掩耳之势降临,我只需像信徒迎接圣物那样张开双手即可。被它击中后,强大的快感会从头顶灌入,然后迅速贯穿全身,一直抵达脚趾的神经末梢。

有时候,这灵感会让我紧张,有时候,又会让我兴奋,但更多的时候是让我感动,感动到热泪盈眶。如果是在野外游走,我的步伐会随着灵感而变化,有时候迅急如风,有时候慢条斯理。无论处于什么样的状态,那都是再幸福不过的,都是独一无二的美妙感觉,都会让我浑身战栗。每每到了这个时候,困扰我的痛苦和烦忧,都会一扫而光,取而代之的是不尽的充实和宁静。

拥有这一切之后,我就会拥有广阔的空间,可以随心所欲地飞舞、跳跃和恣肆。灵感会变得像个暴徒,甚至不愿被我征服,尽管它每次都会败下阵去。这种感觉奇妙极了,好像一切都是在毫无意识的情况下发生的,却又好像发生在一场铺天盖地的暴风雪之后。人们的形象不再重要了,万物的形象都不再重要了,一切都呈现出最正确、最简单和最自然的状态。

由此可以看出,尼采在创作《查拉图斯特拉如是说》的过程中,大部分时间都是被感性带着走,理性基本被他雪藏了起来。尼采这样做显然是聪明的,因为从学术层面来讲,象征显然比思想的含义更丰富,也更能激发人的生命力和创造力。尼采向来反对理智和逻辑,因为他觉得那是科学家应该做的事情,而不是天才和伟人。

更让尼采感到自豪的是《查拉图斯特拉如是说》的创作风格,他认为这本书不仅成功地阐述了自己的思想,而且运用文字的艺术创造了一种充满激情的阅读体验。这种激情会让读者处于内在的紧张状态,从而跟随着作者的一气呵成，一口气把整本书读下来。行文的阳刚之气和用词的和谐之美，则使尼采觉得《查拉图斯特拉如是说》简直就像是一部散文诗集。

在尼采看来，自己发明了一种新的文学形式，并且将其命名为"纵酒狂歌"：丰富的动作感和强大的节奏感，能够给人以如痴如醉的感觉，并使人在这种情况下不知不觉地翩翩起舞。莎乐美也曾对此做出评鉴，她认为"纵酒狂歌"是一种伟大的技艺，表现出一种超凡的大起大落，就好像站在陀螺上飞速旋转。罗德也评价尼采的著作说："书中的内容充满了阳光和力量，能够给人一种托起宝石般的幸福感，我相信除了上帝和尼采，没人可以给我们这样的心理体验。"

朋友们对尼采的评价可能有蓄意夸张的成分，但《查拉图斯特拉如是说》确实可以代表尼采的终极水平。丹麦著名文学批评家勃兰戴斯曾经这样评价这本书："全书由始至终，都带有强大的韵律感，给人铿锵有力的感觉，那些带有挑衅性的批判和开门见山的诅咒，也开始变得圆滑和巧妙。可以说，这一切都充溢着睿智、狂放和自信，有时也会不由分说地让我们领略伟大的含义，但是在所有这些的背后，尼采又隐藏了一种高雅的情调，就像是山间的一股清新空气，忽然吹进了你在城市里的家中。"

从这个角度来讲，《查拉图斯特拉如是说》一书集哲学、文学和音乐于一体，将精深的哲思、优美的声乐和有力的韵动编织在了一起。这就能够让读者领略到一种华美的境界感，享受到美味的精神大餐，从而深切领略到尼采的哲学和艺术魅力。如果说此前还有人怀疑尼采的文学功底，那么在这本书之后，尼采的一切哲学和思想就开始变得无懈可击了。

说到这本书的学术地位，尼采首先给出较高的自我评价，他认为这本书在自己的思想发展过程中，具有里程碑式的意义。他在日记中写道："这是我送给人类的伟大礼物，它将历经千年而不腐，直到孕育出下一位如我这般伟大的天才。"也许这样的说法有些自负，尤其不会被当时的人们接受，但是在今天看来，尼采对于人类的贡献之伟大，早已是毋庸置疑的事。

事实上，尼采也意识到了这一点，因而他在这本书的自评中写道："属于我的时代还没有到来，但是它终将到来，届时人们将会发现，《查拉图斯特拉如是说》是继《圣经》之后的人类福音。"此外，尼采表示自己并非在用笔著述，而是在用"榔头"著述，至于为什么这么说，尼采并没有给出解释，而只是说："现在的人无法看懂我的书，我也不期望你们能够看懂，尽管这本书是写给所有人看的。"

后世学者分析，尼采所著《查拉图斯特拉如是说》一书，实际上是在继承和发扬他所推崇的酒神文化，说到底他还是要复兴古希腊文化。比如该书的主人公查拉图斯特拉，可以说是酒神狄俄尼索斯的翻版，只不过狄俄尼索斯是神话人物，而查拉图斯特拉是文学人物。他们拥有相同的性格，如无穷的力量、狂放的个性、无尽的激情和重生的欲望等。在古波斯文化的影响下，查拉图斯特拉的性格中还融入了聪明、真实和勇敢，但他最根本的性格属性显然与酒神没有差异。

查拉图斯特拉是一个饱满的人物形象，他睿智、诚恳、无畏，敢于面对和迎接一切挑战，并且总是能够得到最终的胜利。借助这一人物形象，尼采阐述了他的三项命题，即强力意志、价值重估和循环永恒。

其中，强力意志是指人类的生存意志，以及满足生存需求后的支配意志、影响意志和统治意志。按照尼采的说法，生存意志会在谋求生存的过程中得到强化，所以生存意志和谋求生存是有机统一的；不过，当人们想要通过强力意志支配现在和未来时，就必须建立更强大的意志力，因而需要进行价值重估；最终，当人们达成了自己的终极目标，又会发现什么都没有改变，历史只是在进行不断的循环，我们都只是这个循环中的一分子。

第七章　疯狂的舞者

> 在与尼采同时代的人眼中,他只是一个不折不扣的疯子,人们对他的才华发出由衷的赞叹,同时又为他的陨落而发出怜悯式的叹息。然而,随着时间的推移,人们越来越无法忽视尼采和他那些当初看起来简直疯狂的思想,人们蓦然发现,原来这个疯子竟是一个先知,是未来哲学的领路人。

横空出世

经过痛苦的磨难和不懈的努力,《查拉图斯特拉如是说》一书终于完成,这也让尼采长长地吁了一口气。应该说,尼采是带着使命感来完成这本书的,因而他不允许这本书有一点瑕疵。每个部分用时不超过10天,4个部分却用了两年,也许只有尼采会如此创作一本书。

下面,我们就来大致了解一下这本书的内容:

本书主人公查拉图斯特拉天赋异禀,但是直到30岁才大彻大悟。他大彻大悟的表现,就是远离人群,上山独居。在山里经过10年的自我洗礼,查拉图斯特拉的灵魂得到涤荡,身体变得非常健康,智慧也变得超凡脱俗。

每天看着太阳升起和落下,查拉图斯特拉得到了启示。他觉得阳光的意义在于人类,或者说如果没有人类,太阳每天往复循环地东升西落,就会失去意义。由于查拉图斯特拉已经思索到了太多的哲学道理,他开始觉得自己应该向外传播了,因而决定下山向人类传播福音。用尼采的话说,就是他已积累太多,让智慧的光芒照耀人世成了他心中越来越迫切的事情。

当查拉图斯特拉走下山并走出森林的时候,忽然遇到了一位仙风道骨的老者,他穿着翩翩白衣,向查拉图斯特拉迎面走来。当老者知道查拉图斯特拉的想法后,极力劝说他回到山上,因为人世已经糟糕到无药可救。老者为什么上山呢?因为他深深地爱着上帝,他要像当初的查拉图斯特拉一样,远离人群上山独居,以便能够进行大彻大悟的思考。到了某一天,他就能够完成自我超越，尽可能地接近上帝。

对于人世，老者觉得人类存在基因缺陷，爱他们只会招致自身的灭亡，并且对他们毫无帮助。人类就是人类，吃苦受难正是他们该做的事情，伟人则必须离群索居，祈求上帝降下神迹来拯救世人。因此，老者希望查拉图斯特拉能和他一起回到山上，一起沉思人世的问题，直到能够与上帝沟通，请他出手救人。

查拉图斯特拉对此不屑一顾，他从来没有寄希望于上帝，而是致力于让世人学会自救，并且早日成为自己命运的主人。在查拉图斯特拉看来，这是他此生为人的使命，就像太阳必须每天东升西落，为人类贡献光明和热量一样。但是，他并没有向老者解释太多，只是摇摇头、摆摆手，和老者错身而过。

很快，查拉图斯特拉来到一个人声鼎沸的市场，人们正在等待观看一场走钢丝表演。查拉图斯特拉挤过人群，来到钢丝下面，开始向世人讲述超人、幸福、阳光和上帝。人们以为他是走钢丝表演的报幕员，耐着性子往下听，查拉图斯特拉却误以为人们对他的思想感兴趣，便更加大声地讲了起来，被他吸引的人也由此越来越多了。

"上帝已经死了，天国不再向我们敞开大门。不过，大家不要担心，超人来了，他会带着我们超越自己、拯救自己，做自己的主人……"查拉图斯特拉出口成章，似乎面对的不是一群等待观看走钢丝表演的观众，而是自己的虔诚无比的信徒，"我们每个人都是一条河流，而超人是无边无沿的大海，我们只有奋不顾身地奔向大海，才能成就自己的恢宏和壮阔……"

查拉图斯特拉仍在滔滔不绝地讲着，但人们终于听不下去了，他们念叨着"哪里来的疯子"，大声喊着让他滚开。查拉图斯特拉却好像什么都没听到，他借题发挥说："人生就像是走钢丝，钢丝的这头是兽性，钢丝的那头是人性。我们站在钢丝上，往前走固然危险，但是停下来或者退回去显然更危险。"

人们一下子被查拉图斯特拉的话说蒙了，但这并不是因为人们的灵魂被他的话触动了，而仅仅是因为他们从未听人说过这么离奇的话。查拉图斯特拉再一次错估形势，他看着人群渐渐安静下来，以为自己的话起了作用，因而继续说道："虽然你们是普通人，但只要和过去的自己彻底决裂，从此追求超人的价值，一定能够过上幸福的生活。"

"滚开！你这疯子！"当人们认识到查拉图斯特拉确实是个"疯子"的时候，终于忍耐不住，尖声叫了出来。查拉图斯特拉还想和众人争辩，却听到有人说："就让我做普通人吧！你这个疯子，怎么会知道普通人的快乐呢？难道你想让我们都变成疯子吗？"话音未落，人群发出一阵哄笑，查拉图斯特拉呆呆地立在了那儿。

这个时候，走钢丝的表演者出现了，他站在塔楼门口，手里拿着平衡杆，颤颤巍巍地走上了钢丝。为了加大对观众的感官刺激，还多了一个孩子，孩子扮成小丑的模样，也跳上钢丝和前者一起表演。也许是对前者不耐烦了，小丑居然"嗖"的一声从他的头上跳了过去，钢丝随即剧烈地一晃。

也许这是一个新的表演项目，前面的表演者尚不熟悉，只见他忽然失去平衡，从钢丝上重重地摔了下来。本想鼓掌的人群看到这一幕，立即吓得惊慌失措，转眼间便四散而逃了。由于钢丝架设得很高，表演者摔下来之后受了重伤，没过多久便断了气。很快，连那个孩子扮成的小丑也不见了，市场上只剩下查拉图斯特拉和那具体温尚存的尸体。

查拉图斯特拉实在想不到，自己第一次布道会以一具尸体收场，于是背起这具尸体去安葬他。走在路上，查拉图斯特拉不禁在想：人生要面临那么多灾难，而且是毫无意义的。从观众的数量可以看出，背上的死尸应该是个职业的走钢丝表演者，而且必定是久负盛名，至于那个小丑，估计是他的徒弟，不过他们谁也不会想到，那莫名其妙的一跳，会让他失去性命。

尽管第一次布道就以失败告终，并且受到了人们的无礼对待，但是查拉图斯特拉并没有失去信心。他发誓要把生存的意义传输给世人，让他们承认超人的价值，就像他们此刻对宗教虔诚信仰一样。不过，查拉图斯特拉并不是进行机械的努力，而是适当地改变方法。他准备找一个志同道合者，把自己的思想一对一传输给他，然后再让他去传给另外一个人，直到这种口口相传的方式影响到足够多的人。

然而，同伴并不是那么好找的，查拉图斯特拉苦苦寻找了一圈，根本没有人愿意搭理他。值得庆幸的是，查拉图斯特拉虽然没有找到同伴，却得到了一只鹰和一条蛇相伴左右。它们像是忠诚的卫士，寸步不离地跟着查拉图斯特拉，好像把他当成了自己的主人，这无疑让查拉图斯特拉喜出望外。在他看来，鹰代表高傲，而蛇代表智慧，高傲和智慧刚好印证了查拉图斯特拉的人格特征。

关于人格特征，尼采认为可以分成三种形式，用具体的形象来代表，分别为：骆驼、狮子和小孩。其中，骆驼代表人类忍辱负重地生活，狮子代表人类追寻和享受自由，小孩代表人类追求和实现理想，因为小孩的未来有无限可能。按照这一理念，尼采完成了对传统价值观念的承接，同时开启了新价值时代的到来。

按照尼采的观点，人类的生命沉重而没有意义，因为人们总是背负与幸福无关甚至相反的东西。最终，他们会像骆驼一样跪下，接受所谓上帝的洗礼和救赎，同时表现出无比的虔诚。显而易见，尼采把基督教文化当成了人类的精神枷锁，信徒们也就成了"骆驼"，一步步走进虚无的精神荒漠中。

骆驼被驯服了，失去了自己的主观意识，自己的行动完全成了别人的意志体现。尼采称这样的人生是毫无意义的，他们不敢怀疑，更不敢忤逆，自我意识的丧失早已让他们浪费了生命的价值。在尼采看来，人类的最高价值是生存，任何有悖于这一原则的文化，都是虚无的，都应该被人类无情地抛弃。

骆驼式的人生理念，必然导致人们的精神走向颓废，尼采据此嘲讽世人说："那些所谓的学者，每天都要翻阅海量图书，好像不这样不足以表明他们博学多才。可是，如果他们的手里一本书都没有，他们就会真的一无所有。因为他们从来没有自己思考过问题，更没有到现实中去求证书中的观点，他们只是书中思想的应声虫和马屁精。"

由此可以看出，尼采的矛头已经指向知识分子，尤其是那些附庸权贵、逃避现实的知识分子。这些人为了世俗所谓的成功，耗费毕生精力为自己的主人效劳，并且视抑制自主的想法为有素质和道德的表现，倡导普罗大众追随自己。尼采对此提出明确反对，他指出人类的妥协和退让不会换来谅解和善待，而只会让那些不懂妥协和退让的人变本加厉，直到那些一味妥协退让的人为自己引来灾祸。

对于骆驼而言，在基本生存需要得到满足的时候，也许会表现出温顺的一面；但是，如果到了荒漠的中心，食物和淡水都难以维持生存的时候，骆驼的生存意志就会被激活。到了那个时候，什么道德礼仪，什么戒律清规，都见鬼去吧！在残酷的生存竞争中，残暴、力量和速度才是生存之道，那些为主人粉饰太平的好好先生们，会在第一时间灰飞烟灭。

骆驼唯有经历磨难甚至死难，才能变成狮子。狮子在无垠的沙漠中一声狂啸，所有动物都为之心惊胆寒，而这也预示着新的时代已经到来。当有人想要让狮子去执行自己的旨意时，得到的回应是一声怒吼，以至于把他吓得脸色煞白。有人会质问狮子："上帝创造了价值，你还想要什么？"狮子的回答是："我要创造新的价值。"

然而，狮子勇武有余而智谋不足，他只能推翻旧的价值，而无法创造新的价值。不过，凭借盖世的勇武，狮子还是为世人提供了创造新价值的平台，而这也正是狮子的使命。如果它想要创造新的价值，就必须忘记过去，放眼未来，让自己纯真的一面逐渐被激发出来。这样一来，狮子就变成了小孩，然后凭借自己的天真无邪，吸收一切新的事物和观点，直到创造出新的价值。

在尼采看来，查拉图斯特拉就是这样一个小孩。当狮子撕碎了神圣的正义和尊严后，他感觉到了空前的自由，因而才怀着一颗童真的心进入人世。这个时候，狮子已经退出历史舞台，属于小孩的时代即将到来。于是，查拉图斯特拉带着与生俱来的遗忘和天真，开始计划并推行一个新的游戏，而新的价值就孕育在其中。

当然，此时的查拉图斯特拉已经不是神，也不需要人类的崇拜，尽管他仍然需要人类的跟随。他是在为人类做出指引，以便所有人都能够找到真正的自己，并且按照自己的意识去创造生命。查拉图斯特拉会借此创造一个新的世界，从而让人类沐浴在幸福之中，最终让他们接受新的价值。对于查拉图斯特拉，尼采赋予他一个全新的名字，那就是介于神明和英雄之间的超人。

—— 变化的艺术 ——

尼采所说的三种人生状态，也可以是一个人的三重人生境界，实际上这也是大多数人的成长过程。从事事顺从的骆驼，到事事忤逆的狮子，再到有自己想法的小孩，成了一个永恒的循环，同时也成为每个人和整个历史发展的真实写照。

在开始阶段，尼采批判了宗教和道德，以及与之相关的一些世俗观念。他借用智者的口引出传统道德，然后批判其逃避和麻木的本质，并且将其斥为"睡觉思维"。在尼采看来，传统的道德系统消除了人类的本能和欲望，甚至连做梦的权利都剥夺了。于是，人们成了毫无自主意识的行尸走肉，实际上也就成了道德发明者满足私欲的工具。

至于上帝，尼采认为他所描述的彼岸世界有失人性，他非但不注重人类的本能和欲望，而且把人类的灵魂寄托给子虚乌有的世界。还有为上帝服务的传教士们，他们让人无条件地相信他们，并且扬言要降罪于那些敢于质疑他们的人。其实，传教士让人们相信极乐世界，但他们自己却更相信物质世界。

应该说，人是由身体和灵魂组成的整体，而身体自然而然会有一些需求。上帝非但要泯灭这些需求，而且要把人类的身体和灵魂割裂，然后褒扬灵魂的圣洁，贬斥身体的堕落。尼采认为灵魂只不过是身体的一部分，它必然会受到身体需求的影响，如果要赞美就要赞美整体，当然驳斥的时候也要驳斥整体。

需要说明的是,尼采并非反对所有道德,而是只反对那些有悖于生命本能的道德。尼采的观点是,每个人都可以有自己的道德,也应该有自己的道德。但是,任何人都不能把自己的道德强加给别人,更不能把自己的道德强加给所有人。否则,道德秩序一定会发生大乱,并且最终把道德理念引向虚无主义。

在此,尼采还引用犯罪心理学的内容,将犯罪定义为本能的冲动。在此之前,人们对犯罪的研究,只停留在意识层面,可谓治标不治本。通常来讲,身体和精神是合二为一的,因而犯罪行为很可能是一种生理需求,并不受精神的支配。人的本能是征服、占有和报复,以便扩大自己的统治力。对于一个人如此,对于一个国家和一个民族同样如此,这就是为什么人会不断征服、占有和报复的原因。

尼采的说法更直接,即人类犯罪都是生理受到压力所致,如果生理能够得到合理的释放,犯罪事件就能够有效减少。在自己的著作当中,尼采这样说道:"无论是什么东西,只要对他的健康有利,我们都应该毫不吝啬地满足他。"尼采同时还指出,病人对社会造成的负担,与罪犯对社会造成的损失,在实质上是一样的。

当时的教会不具备改善人类健康状况的能力,因而也就不可能制止犯罪事件的发生。宗教所说的"善",其实只是一种可怜的愿望,并且用这愿望掩藏他们的自私和懦弱。如果遇到比他们强大的人,他们会施舍一点恩惠,以避免对方向自己发起攻击;而如果遇到比自己弱小的人,他们就会向对方发起攻击,就像强者向他们做的事情一样。

与此同时,尼采还把人类应该具备的品质列了出来,即正直、勇敢、宽大和优雅。作为一个人,不仅要以此作为自己的修养标尺和目标,同时也要尊重别人的这些品质。在这里,尼采特别提到一点,即罪犯也应该拥有自己的尊严和隐私,并且应该得到充分的保障。以此为前提,对他们进行心理引导,使其最终走上正常人的轨道。

至于孤独,尼采认为那是再正常不过的事情,因为天才的意识往往具有超前性,这就注定与普罗大众有所区别。既然有所区别,自然格格不入,孤独也就在所难免了。同时，尼采也认为艺术家的人生就像是一棵树，它越是想要长高，根系就越是需要往深处扎，它所遭遇到的黑暗和阻力也就越严重。

生命的意义就在于活着，并且要活得越来越好、越来越有意义。那些可怜的传教士，开口闭口总是说一些和死有关的事情，好像人生下来就是为了好好地死去。由此可见，他们都很厌恶生命，愿意为灵魂的超脱而抑制欲望，直至走向死亡。尼采并不觉得死亡有什么可怕，但他不赞成毫无意义地去死，更不赞成因为终有一死，而否定人生的全部价值。

那么，一个人应该怎样去死呢？尼采认为，至少要先完成他的使命，然后才能有尊严地、悲壮地、英雄般地死去。如果像传教士那样，趴在地上卑微地死去，尼采宁愿从来没有出生过，或者永远坠于黑暗和痛苦之中。在千百万种死亡方式中，尼采最欣赏的是自杀，因为他觉得这是人类决定自己命运的表现，而且是最直观和简单的方式。

在尼采看来，生活没有平等可言，人们想要更好地生存下去，必须把生活当成战争。因此，一个真正的男子汉，天生就应该是一名优秀的战士，勇敢、坚韧和自信也将为他赢得英雄的桂冠；也只有真正的英雄，才能成为理想的统治者，同时也能自然而然地受到异性青睐。

如果失去战胜意识，男子汉的气概就会一点点地被磨灭，整个人类的生命力也将由此走向衰弱。为了避免这一悲剧的发生，尼采不无担忧地警告世人："我不关心你们的工作，只关心你们的战争；我不关心你们的和平，只关心你们的胜利。"在此，尼采从生命的角度出发，超越了时间的一切思想意识，从最本初的角度思考着人类社会的出路。

应该说，尼采的想法很极端，但也确实很实用。人类之所以能够进化为人类，成为万物灵长，最根本的原因就是人类也参与了动物的进化过程。在漫长的进化过程中，不适合环境变化的人都消失了，幸存下来的人可能不是最优秀的，但一定是最能适应环境的。在这个适应和生存的过程中，人类无疑表现出了强大的生命力，就像动物在争斗中获得生存、发展和遗传的权利一样。

然而，在人类社会步入所谓的文明阶段之后，特别是基督教兴起之后，人与人之间的关系越来越平和。人们开始有了平等的意识，这虽然能够保护弱者，让他们成功地生存下去，但是对于整个人类来说，却是一种弱化，并且是从身体到精神上的双重弱化。尼采对此提出自己的建议，即大多数人可以在平等原则下生存，但必须让少数天才处于战争状态当中，以维持人类的生命力强盛不衰。

对于国家，尼采的态度也不是很乐观。他认为国家所鼓吹的代表民族利益，是根本做不到的，因为实际上只有创造这个民族的人才能做到这一点。简单来说，每个民族都有自己独特的文化，而国家显然是要融合多个民族，这当然会减弱甚至消除各个民族的独特性。在国家建立之后，民族消失了，统治者要满足一己之私欲，自然会附着在人民身上敲骨吸髓。

为了长久地维持自己的利益，他们还会制定特权阶级和底层民众都能够接受的法令，并且以此为依据，铲除那些敢于反抗的英雄们。没了民族性，民众就会一点点地失去凝聚力，这个时候统治者就会搞起个人崇拜，把自己包装成伟大的人，以便人们能够顶礼膜拜。民众有了信仰的寄托之所，统治者有了摆布民众的权力，一切看上去都很美，实际上却是以泯灭人类的生命力为代价的。

对于现代都市，尼采更加反对，他认为这是一切贪婪和罪恶产生的地方。城市扼杀思想并放纵平庸，到处充斥着市侩文化，以至于上层社会人浮于事，底层民众则如同行尸走肉。人们想要生存下去，必须屈从于城市的规则，或者干脆说屈从于他人的贪婪，也可以说是自己的贪婪。于是，这里表面上一片灯红酒绿，繁花似锦，实际上却把每个人都置于孤寂之地，且无法自拔。

那些伟大的人，都必须远离都市，远离市侩和虚荣，唯有如此才能得到一片精神净土。当然，伟人也会因此变得孤独，但他们绝不会因此而妥协，他们会继续思考，直到能够逃出世俗的控制。到了这个时候，旧价值在他们眼里就成了废弃品，新价值的到来也会变得自然而然。

对于爱情和婚姻，尼采的观点更加特别。他认为女人的脑子里住着一个奴隶和一个暴君，所以她们心中的爱情也是如此，要么像奴隶一样对待爱人，要么像暴君一样对待爱人。尼采得出这样的结论，可能和他糟糕的爱情经历有关，但是在他自己看来，却完全是出于对女性的深入研究和了解。

尼采曾经说过，女人最关心的是生育，她们会按照上帝的意志，挑选适合自己的男性。男人之所以参与其中，是因为他们喜欢冒险和游戏，一旦冒险和游戏的激情减退，他们就会立即想从爱情和婚姻当中抽身而出，只是在太多的世俗约束下，已经无法做到这一点。女人在婚姻前后的心理变化程度，比男人有过之而无不及。

凭借这样的观点，尼采认为婚姻和爱情只是一个假象，用来掩盖被扭曲的事实而已。那么，究竟什么才是事实呢？尼采的答案是男人做战士，女人做战士的奴隶，其余一切都应该为男人和女人服务。由此可见，尼采对于女性的认识存在歧视，比如有人说女人可以为爱牺牲一切，他立即反驳说女人可以因恨毁灭一切。

实际上，尼采对婚姻和爱情的认识，明显受到了柏拉图的影响。他们认为完美的女人世间少有，所以男人选择爱情和婚姻，多半是短暂的疯狂和长久的愚蠢。其中，短暂的疯狂是指爱情，因为大多数人并不能搞清爱情是什么，但他们还是会一如既往地跳入爱河；长久的愚蠢自然是指婚姻，因为大多数人都是在爱情中结婚，既然爱情都没弄明白，因爱情而产生的婚姻当然就成了愚蠢的。

尼采给出的建议是，爱情必须经过思考和沉淀，由此才能让婚姻产生应有的质量，并借此孕育出优良的后代。尼采同时也认为，人生就是一个不断尝试的过程，一次次的错误也可能最终孕育出正确。一个愚蠢的生命，也可以被另一个生命引以为戒，从而让这个生命得到启发和成长，那么这个生命成为伟人的几率自然也就加大了。

最后，尼采提醒世人，必须在爱情和婚姻的过程中谨慎行事，尽量推动生命的强化和物种的优化。这不仅是在为自己的未来做打算，同时也是在为人类的发展做贡献，如果能够这样持续做下去，超人的出现将只是时间问题。尼采和柏拉图都没有轻易走进爱情和婚姻，也许他们正是想用自己的行动，为自己的理论做出实证，由此来引导世人践行他们的学说。

意志力

由于长时间推广自己的思想,尼采的身边渐渐聚拢了一些弟子,但他并不希望这是一种宗教关系。因此,他清楚地警告弟子们,要以怀疑的眼光看待查拉图斯特拉,同时不要用崇拜的眼光看待他,而是要时刻保持和寻找自己的个性。而且,尼采并不希望弟子们围在自己身边,当他发现很难劝说弟子们离开时,一个人便悄无声息地走了。

凭借这份孤独,尼采开始继续创作《查拉图斯特拉如是说》一书,并且将话题引到了意志力上。值得一提的是,尼采作为一位悲观主义者,他在该书的这一部分吸收并表现出极大的正能量,这在尼采的作品中是非常少见的。

比如查拉图斯特拉在经过努力和探索之后,来到了美丽如画的幸福岛上。这里有从天而降的美味食物,有温暖的阳光和清新的空气,还有令人陶醉的白沙滩,简直就是人间仙境。显然,尼采的幸福岛和伊甸园存在必然的联系,但是他所创造的超人比上帝更贴近人类,也更容易让人类接近。

其实,早在《快乐的科学》一书中,尼采就有过这样的描述:"有一个疯子,大清早打着灯笼来到菜市场,嘴里喊着:'我找到上帝了,我找到上帝了……'当人们问起上帝在哪里的时候,这个疯子忽然怒目圆睁,大声喊道:'我把他杀了!'"尼采借此告诉世人,上帝已死,现在的时代要由超人来主宰和拯救。

一个疯子出现在菜市场,嘴里念叨着自己找到了上帝,这简直有些滑稽。尼采为疯子安排的身份还有一个,即他是上帝的信徒。尼采借此表现寻找上帝的行为是疯狂的，而且是没有结果的，因为上帝是人们虚构出来的。因此，尼采所创造的超人需要建立真实的形象，而不是处于看不到、摸不着的想象当中。

可惜，当时的人们并不相信上帝已死，更不能接受是人类杀死上帝，所以疯子才"把灯笼一摔，说：'我来得太早了'"。尼采也只能寄希望于未来的人。至于上帝的死，尼采认为不是因为他能力不足，而是因为他过于仁慈。然而，上帝的仁慈不可取，因为他对人类的怜悯，是以人类牺牲自己的尊严为代价的；而且上帝全知全能，人类在他面前成了透明体，这也对人类的隐私构成了威胁。

为什么上帝要宣扬人人平等？在尼采看来，这恰恰说明人人不平等，是为了掩盖这一基本事实。当然，对于那些深陷底层的民众来说，"人人平等"能够满足他们虚幻的心理需求，上帝这样说很有讨好他们的嫌疑。更可怕的是，那些口喊众生平等的人一旦掌权，会比任何人都专制，因为他们深知众生之不平等。

那么，不平等到底是好是坏呢？尼采给出的答案是前者，因为正是人世间的各种不平等，才迫使人们进行抗争，并且在抗争的过程中不断壮大自己。不难想象，一个相信众生平等的人，恐怕只知道愤恨和抱怨，思想和做法非常容易走向极端；而作为一个相信众生不平等的人，抗争会成为他与生俱来的本能，他不会等待和寄希望于别人，更不会愤恨和抱怨，思想和做法也不会走向极端。这就是尼采思想的先进和可贵之处。

生命应该被石柱和石阶架设在高处，只有这样才能以足够的宽度和广度去审视幸福，以及去感受生命之美。因此，生命需要高度，也需要阶段，而人类登着阶梯走向高处的过程，也是完成自我蜕变和重生的过程，其间必然伴随着分娩般的阵痛。人类想要生存下去只有两个选择，死亡或者重生，否则只能在麻木不仁中走向毁灭。

一些所谓的智者认为，"人民所在，即真理所在"。尼采认为这同样是在讨好人民，以便使人民处在酒醉后的迷幻里。人民通常是短视的，他们更多的时候只在乎眼前的利益得失，满足之后就不会再想其他事。因此，真理只能由那些敢于面对痛苦的人去发现，而且越是终极真理的发现，就越需要发现者有足够强大的意志力。所以，相信上帝的人就像是演员，在人生的舞台上，他们可能扮演各种各样的角色，却唯独不可能扮演自己。

那么，民众的悲哀在哪里呢？尼采认为，他们既不能行善，也不能作恶，因为行善和作恶都需要一定的资本。比如一个人家徒四壁，自己的生存问题都没有解决，他又拿什么去救济别人呢？因此，能够拯救民众的只能是超人；而民众想要自救的方法也很简单，那就是为超人的到来创造条件，同时在超人到来的那一天热情地欢迎他。

为了表现生命的力量，尼采还引入了舞蹈的元素，并将其视为激情、疯狂和冲动的表现，同时认为它具有生命活力、旋律之美和终极意义。众所周知，尼采的哲学思想起源于古希腊文化，他最推崇的酒神狄俄尼索斯就是一位疯狂的舞者，并且因舞蹈而得到了重生。

按照尼采的说法，舞蹈是生命旋律和宇宙旋律的融合，是表现生命力的最美的艺术形式。在最早的时候，人类由于原始冲动而狂舞，以此来向异性表现自己的力量、精力、技巧和优雅，概括来说就是为了表现自己的美。当异性被激发情欲后，就会做出回应，然后二人开始结合。

与此同时，舞蹈也是一种社会习俗。在原始社会，舞蹈是一种多人参与的集体活动，它能够促进部落的团结与协调，甚至能够以此来增加部落的作战能力。除了增强协调性，舞蹈还能增强人群的勇气，这一点从战士的冲锋陷阵中可以看出来。如果是一个人，根本没有勇气面对敌人的封锁，更没有勇气面对敌人的集体冲锋。但是，如果在你的身边有无数个人，无论是冲锋还是防守，勇气都可谓取之不竭。

对于舞蹈，尼采简直爱到了无以复加的地步。在写给好友罗德的信中，他这样说道："我的文字就是一种舞蹈，它能带着我翩翩起舞，绽放如同魔鬼一般的思想诱惑。难以想象，如果我的世界里没有舞蹈，该是怎样一种虚无和黑暗啊！"舞蹈是艺术的开始，同时也是艺术的终结，这是尼采对舞蹈艺术的基本态度。

人类承载了太多的价值和道德，而舞者则在疯狂的扭动中把这些全部抖落，从而回归到了人类最本初的状态当中。在《查拉图斯特拉如是说》中，尼采也为舞者设计了一个优美的舞台，那里有叮咚作响的泉水，有树木环绕的绿草场，还有翩翩起舞的白天鹅。在这座"舞台"上，美丽的少女们载歌载舞，浅草没过她们优雅的脚踝，让站在一旁观看的查拉图斯特拉激动不已，甚至唤醒了他心中的浓浓爱意。

舞蹈下的生命是如此美妙，它现实、野性、疯狂、多变且充满激情，以至于查拉图斯特拉满眼含泪。可是，当一个人垂垂老矣，四肢脆弱并僵硬到无法动弹，便再也踏不出青春的舞步。尼采认为，人们在这个时候的唯一归宿，就只剩下坟墓。也许他们的脑海里还留有智慧，但智慧能够带给人快乐吗？答案恐怕是否定的，甚至智慧只会带给人痛苦。

也许是为了宣泄自己的情欲，尼采让查拉图斯特拉疯狂地舞动，并尽情享受众人的崇拜目光。由此可以看出，尼采对于莎乐美始终放不下，他带着一颗伤痕累累的心，把所有的寄托转化成了艺术元素，同时深深地埋葬自己的爱情。这一时期的尼采，已经不再热衷于生活，也不再痴心于爱情，他开始变得越来越超然和狡猾。

在一首现代诗中，尼采这样写道：

夜阑人静时，如水的月光进入我的心房。那纯净清亮的圣水，涤荡着我内心的尘垢。时间像虫儿一样蠕动，我不知它将流向何方。狗儿的叫声惊醒了结网的蜘蛛，但它也只是短暂地一怔。在这冰冷的时刻，我忍不住激动万分地问，谁才是世界的主人？我竖起耳朵，聆听这深夜的回答，但除了坟墓的呢喃、蛀虫的啃噬和灵魂的微颤，我再也听不到其他声音。

尼采对于意志力的认识，主要受到三个方面的影响：第一是生活，第二是哲学，第三是万物。

早在1870年，尼采曾是普法战争中的一名卫生兵。一次，他看到一支威武雄壮的部队在自己面前走过，但是他并没有丝毫的羡慕，因为以他的洞察力之敏感，已经意识到这些士兵是去战场送死的。尼采感受到的并不是怜悯或悲哀，而是被生命的强烈和意志震动了，甚至发现战争对意志力的积极作用居然如此巨大，以至于最普通的人都具备了一丝英雄气概。

哲学方面，尼采继承了叔本华的生命意志观点，认为世间万物的根本欲望就是生存，但尼采的学说又有了进一步发展。他认为生存确实是世间万物的根本欲望，但是在这一欲望之上，显然还有其他欲望。比如生育，很多动物为了争夺交配权，都会甘愿冒着生命危险，或者与自然环境发生矛盾，或者被同类击败后走向死亡。因此，尼采得出了新的结论，即意志力同样是人类追求的对象，只不过这一欲望排在生存欲望之后。

从生物学的角度来讲，尼采认为参照动物的行为，可以为人类的心理研究提供依据。长期以来，尼采对于生物学研究一直非常关注，他甚至公开表示，自己的很多研究成果都建立在生物学家的研究成果之上。他的观点是，一切生物的活动都是以服从为前提，如果不是服从于自己的意志，就一定是服从于胜者的意志。

当然，胜者并不只是单纯地享受权益，同时他还要担负起整个族群的未来。以动物为例，它们在争斗中得到统治地位，同时意味着它必须保障整个族群的基本需求，否则不但它的地位难以稳固，整个族群也可能遭到灭顶之灾。在谋求生存和发展的过程中，胜者必须率先垂范，第一个站出来迎接来自方方面面的挑战。

即便如此，胜者还是要面临内部力量的威胁，尤其是年青一代的同性，随时可能对他的统治地位发起冲击。因此，他只能是整个族群中最强壮和最有智慧的，但任何生物都显然无法做到这一点，因为至少身体的衰退不可抵抗。然而，这并不妨碍新的王者诞生，尽管新的王者不过是在重复上一任的生命历程，这就使得该族群的生命力不断增强，其意志力也由此显现出来。

尼采由此做出判断，意志力的强大是所有生物共同追寻的最高价值，其中自然也包括我们人类。这种追求超越了传统的道德标准，如果想要生存和发展下去，就必须毁灭旧的价值，而能够做到这一点的显然只有超人。查拉图斯特拉很有自知之明，他认为自己无法承担这一重任，于是重新回到山洞中思索，希望能够早日得到终极真理。

不变的轮回

一个平静的午夜，查拉图斯特拉再次开始孤独的旅程，而此时的他已经人到中年。查拉图斯特拉喜欢登山，然后坐在高耸入云的山头上思考问题，蓝天触手可及，白云脚下游动，空气清新得如同洗过一样，思绪也变得清晰异常。

当"不变的轮回"这一概念在尼采的头脑中形成，他的内心就一直处于兴奋状态，甚至感到了一丝恐惧。他认为自己已经找到了真理所在，并且将此视为自己的创造，这让尼采的精神得到了一次集中焕发。于是，他立即决定把自己的发现送给查拉图斯特拉，让他传播给世人。由此可以看出，尼采已经把查拉图斯特拉当成了自己，并且要借着《查拉图斯特拉如是说》一书，向世人宣扬自己的思想。

然而，思想越是升华，尼采面临的危险就越大。因为身体总有一些欲求需要满足，而这些又是灵魂所不允许的，当然也是尼采所不能接受的。于是，肉体和灵魂开始在尼采的身上搏斗，并且显然是越来越剧烈。其实，智慧比毒品更容易让人上瘾，而且比毒品更难戒掉。因此，一个人只要开启了智慧的大门，就只能汲取越来越多的智慧来寻求内心的安宁，直到走向生命的终点。

很快，查拉图斯特拉成了尼采身上精神的化身，而魔鬼则成了肉体的化身，他们之间的缠斗几乎让尼采感到窒息。为了帮助查拉图斯特拉获胜，尼采把魔鬼幻化成了瓦格纳，这让他的勇气立即倍增起来。于是，查拉图斯特拉摆出决斗的架势，要与"瓦格纳"拼死一搏，而此时的查拉图斯特拉俨然已经成了尼采。

勇气是最理想的杀戮工具，杀死"瓦格纳"之后，尼采沉浸在手刃"仇敌"的快感中仰天长笑。然而，尼采的勇气很快又消失了，因为他发现只要自己还活着，"瓦格纳"就会在某个时刻忽然复活，然后继续和查拉图斯特拉展开对峙。也许，这也符合尼采的"不变的轮回"定律，这让尼采再一次陷入了迷茫。

当然，尼采至少改变了人们对时间的认识，即从当时的单向性回到了古代循环性。在尼采看来，如果时间只是一条不可逆的直线，上帝很容易乘虚而入。如果时间是一个循环的圆圈，人类就可以随时把握自己的命运，非但不给上帝留出空子，甚至还可以消除空虚和绝望。换句话说，如果生命是一次性的，人类只能去上帝那里寻求慰藉；而如果生命是可以轮回的，人类就可以去历史中寻找自我，上帝自然没了用武之地。

尼采的"不变轮回"思想，还可以得到理性的科学理论支持，具体来说就是"豁然定律"。即宇宙中的时间是无限的，但组成宇宙的粒子是有限的，因而所有物质一定是循环产生和毁灭，一丝一毫都不会差。尼采的比喻更加简单，他认为一个人生命的结束就像把沙漏倒过来再流一遍，并且永远重复不休。

如此一来，生命就变得毫无意义，无论是英雄的生命还是民众的生命。这一点不禁让尼采感到恐惧，甚至让他做了一个记忆深刻的噩梦。在梦中，尼采梦见一条黑色的毒蛇钻进了一个牧师的嘴里，令那可怜的牧师痛苦无比。尼采想帮助牧师把毒蛇拉出来，但毒蛇咬住牧师的内脏，死活拔不出来。最后，牧师听从了尼采的建议，把毒蛇一口咬成了两半，如此才最终得以自救。

尼采曾经试图解释这个梦，但他对于解梦那一套又心存嫌隙，因而最终不了了之。事实上，如果非要解释这个梦的话，尼采更像是那个被毒蛇钻进嘴里的人，而那条毒蛇则是一直困扰他的哲学思想。最终咬断蛇身自救，则表明尼采对困扰他的哲学思想非常厌恶，想要和它划清界限。然而，不管怎么说,这次噩梦就预示着灾难的发生,这也是让尼采感到最为恐惧的事情。

尼采建立"不变轮回"思想后,首先需要做的事情就是说服自己,因为他必须接受人生毫无意义的基本现实。生命就是人不断重复自己的过程,包括重复自己的痛苦和忧愁,如果有人相信这一点,那么他的价值观念立即就会崩溃,甚至想到用死亡结束自己的生命。尼采凭借对艺术的热爱,跳出了自我的沉沦,他坦然面对毫无意义的人生,同时接受了自己的"不变轮回"理论。

为了克服"不变轮回"带来的痛苦,尼采又开辟了"前进上升性"学说。所谓"前进上升",是指人虽然处在往复的循环之中,但每一次循环都会向上提升,并由此形成螺旋上升的循环体系。根据这一原理,人类最终会进化为超人,而超人也不会是进化的终极,届时还会有比超人更高等的生命,并由他开始新一轮的"不变轮回"。

尼采的这一观念由两个论点支撑,一个是古希腊哲学思想中的循环论思想,另一个是自然科学的"能量转化"定律(即能量守恒定律)。

在苏格拉底之前,西方哲学家大多坚持循环论思想。比如有"西方哲学之父"美誉的泰勒斯,曾经提出"水是万物之母,一切由水而来,又回归于水",这自然就包含了循环论思想。恩培多克勒也认为,"既然万物都处在不断的变化之中,就一定处在固定的循环体系内"。

受这些哲学家的影响,尼采很早就接受了循环论思想,并最终衍化出了"不变轮回"理论。其中的不同在于,尼采认为循环并不会产生新的事物,所谓新事物不过是人类的感知,很多东西实际上早就存在了,而且不同的人又会形成不同的感知。虽然尼采并不接受科学家所说的自然力,但他还是局部接受了能量守恒定律。

雅斯贝尔斯在他的《尼采其人其说》一书中提到,尼采的"不变轮回"学说具有极大的进步意义,它把人类从恐惧中解救出来,又避免人类走向虚幻。更重要的是,尼采对生活始终持积极态度,并且贯穿了"不变轮回"产生的整个过程,最后还生出了接纳他人的宽容之心。此外,尼采对那些忏悔的人予以肯定，因为从"不变轮回"的角度来看，他们对过去的悔改也是对明天的纠正。

应该说，上帝是人们心中的寄托，但最关键的问题不是人们寄托于上帝，而是人们必须寄托一样东西。因此，"打倒"上帝并不是一件难事，如何在打倒它之后填补人们的寄托空白，才是尼采最关心的事情。他很清楚，个人主义、科学知识和现代化等，早已对人们的寄托之所虎视眈眈，只要尼采稍有不注意，就可能被它们乘虚而入。

庆幸的是，他的"不变轮回"理论成功做到了这一点，人们的目光从虚幻转移到历史，寄托也从上帝转向了超人。在尼采看来，人们之所以会信仰上帝，是因为他们有求于上帝。如果他们的所有需求都得到了满足，就不再有求于上帝，那么他们对上帝的信仰必然会自动瓦解。意识到了这一点，上帝对于尼采来说就变得不堪一击，而尼采也确实毫不留情地"杀死"了上帝。

据雅斯贝尔斯观察，自从尼采宣布"上帝已死"，基督教对民众的影响日益减小。人们开始具有一定的思考能力，并且渐渐形成了一些思想，尼采的"不变轮回"理论给了人们巨大的启发和指引。不过，由于这一理论存在随意性和模糊性，甚至存在内部矛盾，因而尼采无法给人们提供完满的寄托。

为了解决这一问题，尼采进行了一次理论整合，他把"不变轮回"思想和狄俄尼索斯的酒神意志融为一体，创造了"命运之爱"学说，即把客观和主观意识统一起来。雅斯贝尔斯对该学说进行了深入研究，他把尼采一生各个阶段的思想成果进行罗列对比，最终得出了只有"把握当下，努力去爱"，才能享受生命的结论。

尼采对"命运之爱"的解释是，当命运袭来之前，我们应该去遵从它；当命运袭来之后，我们则应该去热爱它。这样做的前提是，人们必须明确知道未来的命运，但这一点显然很难做到。尼采则认为，一个人当下所做的事，都会对未来形成必然影响，因而人们对当下的把握，就是对未来的把握。

由此也可以看出，尼采对于宿命论显然持反对意见，同时他还把人类的主观意志上升到了较高地位。事实上，也唯有如此，才能让人类珍惜短暂的今天，并且运用强大的意志力，来思考和创造自己的明天。在此过程中，人类思考和行动的唯一准备就是充满爱，用爱去架设通向未来的桥梁，从而把当下和明天牢牢结合在一起。

需要说明的是，人类把握当下并放眼未来，还有一个必要前提，那就是接受过去已经形成的事实。这一点对于大多数人来说极为困难，因为它不仅要求人们放弃既得的物质利益，甚至要全盘推翻过去建立的价值体系。不难想象，在当时宗教文化仍在盛行的情况下，尼采想要做到这些有多难。

事实上，就连尼采自己也没有料到，他的学说会如此不受欢迎。因此，尽管他已经深深地拥抱了真理，并且为人类指出了前行和发展的方向，但由于人们反应平平，他还是沉浸在痛苦中无法自拔。在这种情况下，尼采只能用自己的学说进行取暖，相信自己的爱是伟大的，终有一天可以带领人类走出无知和迷茫。

爱的意志确实太重要了，它不仅可以温暖尼采，在不远的将来，还将温暖越来越多的人。从某种程度上说，爱的意志是对"不变轮回"的肯定，是个人意志和世界意志的统一，也是世界走向大同的终极目标。按照尼采的说法，人类的命运虽然充满偶然和紊乱，但这些都在循环之中，因而最终都会指向那个必然的发展方向和结果。

个人作为最大的世间变量，也处在必然的循环之中。爱的意义在于让人们知道，"不变轮回"非但不会伤害人类的自由，而且会为人类的自由提供条件，这也是"不变轮回"和人性的高度统一。在此，尼采又借用了酒神狄俄尼索斯的精神，并且把它和意志力、不变轮回进行调和。

在尼采看来，世界永恒循环，万物从毁灭走向重生，又从新生走向毁灭，似乎是一个毫无意义的过程。人类毕竟处在这样的一个循环中，因而必须找到一种精神寄托，让自己能够拥有积极向上的心态，以便远离一切痛苦。至于这个精神，就是酒神狄俄尼索斯的精神，他有着与生俱来的爱，喜欢疯狂的舞蹈，以回归本性来愉悦自己的身心。

换句话说，世界本无意义，但它为人类提供了一个创造意义的平台。至于如何创造意义，首先要让世间充满爱，然后再用意志力作为保障，让爱无限地延伸和蔓延开去，并且形成永恒的循环。如此，人类就可以在充满爱的世界里创造更多意义，直到整个世界充满幸福和快乐。当然，这也是世界意志的表现，人类之所以要这样做，也是在用自己的方式回报世界。

超人来袭

自从噩梦事件之后,尼采的心绪开始衰落,而这也影响到了他笔下的查拉图斯特拉。此时,查拉图斯特拉每天躲在山洞里,脸色变得越来越憔悴,连头发也变得花白,看上去已经显得有些老态了。鹰和蛇每天围绕着他,它们看到查拉图斯特拉如此,频频劝他到洞外去散散心。查拉图斯特拉觉得自己确实太颓废了,同时也想检验一下自己思想的传播情况,于是他终于走出了山洞。

让查拉图斯特拉感到意外的是,此时有很多人在宣扬自己的学说,并且都想取代上帝的位置。就在洞口,查拉图斯特拉碰到一位预言家,他讽刺查拉图斯特拉的学说和思想太幼稚,同时还嘲笑他病恹恹的样子。查拉图斯特拉想反驳,却愕然发现预言家正在试图说服他改变信仰,去过一种无欲无求的生活。查拉图斯特拉对于这种虚无主义早已厌烦透顶,他觉得既然渴望虚无,还不如什么都不渴望来得彻底。

把预言家让进了山洞,查拉图斯特拉开始在群山和森林间游走,很快又碰上了两个国王和一头驴子。自从上帝死后,天下发生大乱,除了农民之外,其他阶层纷纷腐化堕落,因而农民反而成了最高贵的阶层。罗马作为曾经最神圣的地方,此时也变得肮脏遍地,各种道德败坏之徒横行无忌,整个社会的价值体系混乱得一塌糊涂。听到两位国王争论,查拉图斯特拉只是让他们去自己的山洞里等着,便转身走开了。

在经过一个泥塘的时候,查拉图斯特拉看到一个水蛭专家。为了研究自己的课题，这名水蛭专家把胳膊伸进水中，让水蛭吸食他的血液。在他看来，既然上帝已经死了，人类必须对自然形成充分认识，以便形成自己的生存之道。让查拉图斯特拉没想到的是，这位水蛭专家不仅是在研究水蛭，而且想要通过对水蛭的研究，来洞彻人间的奥秘。对于他，查拉图斯特拉同样邀去山洞做客。

接下来，查拉图斯特拉又遇到一个老者。他蓬头垢面，疯疯癫癫地躺在地上，看到查拉图斯特拉之后还半唱半说地跳起舞来。查拉图斯特拉看出他在演戏，直接用手杖去敲他的头，并斥责他是滑稽的小丑。当老者意识到眼前的人是查拉图斯特拉后，立即变得自惭形秽起来，但他表示自己是一个追求伟人足迹的人，只是追而不可得才任由自己滑向堕落。查拉图斯特拉早已对伟人绝望，但他还是邀请老者到山洞中做客。

告别老者，查拉图斯特拉继续走，他又碰到了一个丑八怪。这个人不像人、鬼不像鬼的家伙，因为无法忍受上帝的怜悯，亲手刺死了上帝，但是他很快发现，没了上帝的怜悯，换来的是更多世人的怜悯，这让他越发感到耻辱。查拉图斯特拉觉得自己和此人同病相怜，于是立即让他去自己的山洞找鹰和蛇，它们会给他最好的心灵慰藉。

再往前走，查拉图斯特拉见到了一个奇怪的人，他正在对着一群母牛慷慨激昂地演讲。查拉图斯特拉赶紧把母牛赶走，却惹怒了那个人。原来，这是一个自愿做乞丐的人，他不相信天堂，并且质疑人类的能力，他曾经从母牛那里学会了很多东西。母牛温顺可爱，只要有草就很满足，它们每天悠闲地生活，远离人世的肮脏与龌龊。查拉图斯特拉不喜欢温顺的母牛，他只喜欢高傲的鹰和智慧的蛇，但他还是邀请了这个乞丐。

最后，查拉图斯特拉遇到了一个神父，他在上帝死后每天沉浸在痛苦中，靠着过去可怜的回忆卑微地活着。神父向查拉图斯特拉请求援助，希望查拉图斯特拉可以帮助他重获信仰，以便他能够重新振作起来。查拉图斯特拉对此无能为力，因为此时上帝已死，超人还没有到来，人们能做的只有自救。并无例外，查拉图斯特拉还是邀请他去自己的山洞。

显然，尼采把查拉图斯特拉塑造成了一个上等人，他的影子就是尼采永远实现不了的理想。但是，这个影子带给尼采的精神影响具有两面性，一方面，他为能够拥有理想而兴奋不已；另一方面，他又为永远实现不了理想而痛苦万分。因此，尼采曾经不无愤懑地说："虽然我不是一个犹太人，但是我却像犹太人一样，永远都在走路，永远没有归宿，永远没有目的。"

有时候，尼采实在不堪重负，也曾想过脱离这个"影子"。但是，即便在最明亮的正午和最黑暗的午夜，"影子"还是会一刻不离地跟着他。只要他停下，只要他思考，甚至只要他想到"影子"，就会像是被恶魔诅咒了一样，无论如何也摆脱不了影子带来的困扰。于是，尼采只能把最美好的希望寄托到查拉图斯特拉身上，希望他能够带给自己一点安慰。

在告别了神父之后，查拉图斯特拉感到有些劳累，于是在一片草地上找了一棵大树，躲在它的荫凉里美美地睡了一觉。醒来已是傍晚时分，查拉图斯特拉回到山洞，发现自己近日以来所见的人都在山洞里。众人围坐在一起，鹰高傲地立在中央，脖子上缠绕着蛇。大家见到查拉图斯特拉，都把他当成了救星，立即七嘴八舌地问了起来。

查拉图斯特拉首先欢迎众人的到来，然后开门见山地说："你们还不够强大和坚毅，你们也不够美丽，更不够优秀，尽管你们已经是世间的高人。但你们不必失望，你们的努力已经为真正的高人降临创造了条件，他会以你们为桥梁，抵达理想的彼岸。"同时，查拉图斯特拉并不希望自己被当成神，所以他在最后还加了一句，"我也是你们中的一员，我会陪着你们一起等待和帮助超人降临。"

然而，高人们已经迫不及待了，既然大家如此期待超人的出现，为什么不能从已有的高人中找出一个人，哪怕他只是在超人出现之前代理一下也好。听到这些话，查拉图斯特拉对高人们大失所望，他不知道这些人是为真理而来，还是为了超人的头衔和权益而来。不过，这一次查拉图斯特拉想多了，因为大家一致推选他做超人。

然而，查拉图斯特拉深知自己不是超人，他也不愿做超人，但大家的精神无处寄托，太需要找出一个超人了。最后，查拉图斯特拉只能指着国王的驴子说："如果你们非要崇拜什么，就选这头驴子好了。"查拉图斯特拉只是无可奈何的一句话，高人们却当成了金玉良言，他们迫不及待地对驴子展开崇拜。

事实上，超人不需要崇拜，因为他要融于人世，天国并不是他的归宿。第二天，当查拉图斯特拉醒来的时候，一切变得越发美好：灿烂的阳光，和煦的暖风，守护在旁的鹰和蛇，在天空中盘旋的鸽子，就连金黄色的狮子也伏在他的脚下。听到高人们嘈杂的议论声，查拉图斯特拉眉宇紧锁，心中略有不满。狮子立即领会到他的神思，跑到洞口一声怒吼，高人们立即吓得惊慌失措，没过一会儿就逃得无影无踪了。

这天中午，已经大彻大悟的查拉图斯特拉决定再次下山，到人世去寻找超人，从而把混乱的世界引向有序和幸福。为什么查拉图斯特拉不在高人中挑选超人呢？原因很简单，超人不是挑选出来的，他们天生就会释放出耀眼的光芒，即使有人想要阻挡都不可能。何况，高人们只是不满现状，根本没有坚实的理想，因而他们也就没有勇气，黎明的曙光自然不会降临在他们头上。

这里需要做出解释的是，"超人"一词来自古希腊作家卢奇安，后来的很多著名学者也都曾引用过。尼采的超人思想最早出现在1874年，他在《作为教育家的叔本华》一书中提到，人类社会的进步总是依靠那些特立独行的伟人，这一点还受到了达尔文学说的影响。后来在《查拉图斯特拉如是说》一书中，尼采正式提出了超人的概念，而与之相对应的一系列哲学思想，也已在尼采的头脑中形成。

按照尼采的说法，人类是处在猿猴和超人中间的阶段，猿猴在人类的眼中是什么样，人类在超人的眼里就是什么样。或者说，人只是猿猴走向超人的一个过渡，人类对于自己的生命是无意识的，而超人则是有目标和有理想的。事实上，尼采并没有对超人做出明确定义，他只是为人们提供了一个象征，目的在于给人们提供一个追求的目标和意义。

在苏格拉底之前，酒神狄俄尼索斯的精神盛行，人们受到鼓舞后活得自然、富有和崇高，充满激情和想象。后来，随着现代化工业和欧洲文化的影响，人类开始变得颓废堕落和微不足道。基督教文化的传播，确实给人们带来了安全感,但是这种安全感却是以屈辱为代价,不可避免地贬低了人们的尊严和价值。尼采所创的超人,就是要引领人类回归本性,回归到苏格拉底之前,让人们受到酒神狄俄尼索斯的精神鼓舞,重获自然、富有和崇高品性,从而充满激情和想象。

尼采对伟人的特质做出三项总结:第一,他们的思想和行为具有逻辑性,但是在逻辑变得复杂和冗长之后,他们就必然会走向迷茫,直到走向疯狂和毁灭;第二,他们比常人更加冷酷无情,因而也更加无畏和理智,但他们同样会为自己积累冷酷无情和无畏理智的敌人,并有可能会被超越自己的敌人消灭;第三,他们没有同情心,民众对于他们来说就是奴仆和工具,所以他们总是在说谎,因为一旦真相被揭露出来,他们的地位就会受到威胁。

与此同时,尼采还列出了民众、英雄和超人的关系。三者的区别首先表现在对待外界事物的态度上,民众总是会问"我应该怎么样",英雄则总是说"我要怎么样",超人则总是强调"我是谁"。可以说,超人的生存状态充满激情,他们粗犷而富有,充满强大意志和冒险精神。因此,超人是喜欢战争的,并且有着恐怖和残忍的一面,他们会坦然面对死亡,会使用一切暴力和阴谋手段,同时也会不假思索地选择牺牲自己。

尼采相信,自己的作品就是为超人准备的,就是用来迎接超人诞生的。用他自己的话说,就是"我为尚未出世的人写作——地球的主人"。因此,尼采把人类看作是整个循环中的一部分,而不是看作终点或目的。至于超人的产生,尼采认为他首先应该具有贵族精神和英雄气概,然后再让他们的心灵得到净化,紧接着用痛苦磨砺他们的意志,直到使他们成长为最优秀的战士。这样一来,他们在实现自身价值的同时,就能够带领世人走向幸福的彼岸。

应该说,尼采所说的超人存在于哲学层面,也是人类发展的未来模样。对于这种遥远的理想,越抽象越能留给后人想象的空间,从而把人类归入一个不断提高和完善自身的循环之中。然而,尼采总是不遗余力地为超人设定各种框架,就显得有些画蛇添足了。因为越是具体的方案,实施起来就越难,这当然会对后人的想象和行动形成制约。不过,这也说明了尼采对世人深深的爱意,他找到了真理,更希望把真理传递给世人,因而总是担心世人想不明白,或是做得不够好。

第八章　身后的辉煌

1889年，长期不被人理解的尼采，由于无法忍受长时间的孤独，在都灵的大街上，他抱住了一匹正在受马夫虐待的马，并且失去了理智。在母亲与妹妹的照料下，这位陷入疯狂的天才，像个孩子一样度过了人生中的最后10年。直到他死，仍然没有停止思考，仍然在与上帝做着抗争。

末路时光

对于尼采来说，完成《查拉图斯特拉如是说》一书的创作，可谓了却了一件重大的心愿，他终于可以好好休养一段时间了。这本书前后耗费的时间太长，倾注的精力和心血也太多，尼采对它寄予了很大的希望。不过，由于写作过程中体力的严重透支，此时精神的放松并未给尼采带来身体的舒适，反而让他面临更大的痛苦。

头疼、呕吐和眼疾都在不断加剧，在每天的大部分时间里，尼采都必须和它们做抗争。这让尼采的身体越来越吃不消，他的头发花白了，他的双肩也塌陷了，走起路来摇摇晃晃，感觉一阵风就能把他吹倒。母亲看在眼里，心疼不已，但她又想不出什么好办法，只能将希望寄托在尼采的婚事上，因而一有机会便唠叨此事。

被母亲催得急了，尼采干脆对她说："你的儿子不适合结婚，只能一个人独立生活，直到生命的最后一刻。"母亲听尼采这样说，心中的伤痛进一步加深，但这也让她意识到，自己的催促是无用的。其实，尼采的心里也很矛盾，在进行创作的时候，尼采确实需要安静的氛围，一个人的生活无疑是最理想的；可是在闲下来的时候，尤其是看到别人都出双入对时，他的心里也是非常难受的。

为此，尼采曾经写信给好友奥弗贝克说："由于你的身边有妻子陪伴，你的生活比我幸福 100 倍，你有一个圆满的家庭，而我仅有一个'山洞'。"其实，尽管尼采的创作很紧张，但友善的迈森贝克小姐一直在不断地给他创造机会。尼采好像总也走不出莎乐美带给他的爱情阴影,因而总也找不到状态,很多宝贵的机会都被他白白浪费掉了。

1883年夏天,在朋友和亲人的建议下,尼采曾试图回到大学授课,并且确实去莱比锡大学应聘了,但他却得到了该大学校长这样的回复:"你的学术水平远远超过了我们的应聘要求,你的身体状况我们也能接受,甚至可以为你提供必要的帮助,但是你的反基督立场我们无法接受。"

对于尼采来说,这无疑是个沉重的打击。因为他很清楚,自己反基督教的立场,不仅让莱比锡大学无法接受他,而且任何一所大学都不会接受。很显然,这些大学在试图改变尼采的反基督教立场,同时也表明他们反对此立场。对于尼采来说,反基督教的立场是学说问题,是绝对不容商量的,因此他只能选择默默地离开。

此外,尼采原以为《查拉图斯特拉如是说》一书会很畅销,但没想到此书尚未出版就遇到了麻烦。出版社不愿为这样一本前途未卜的书得罪基督教,尼采只好自己出资付印,但他的资金实在少得可怜,因而最终只印发了40本。这不仅让尼采的自尊心受到了伤害,他的经济状况也亮起红灯,巴塞尔大学那点少得可怜的退休金,已经很难让他继续生活下去。

妹妹伊丽莎白也不让尼采省心,原本因为莎乐美的事情,兄妹二人已经闹得很不开心,现在她居然爱上了一个叫福斯特的博士。尼采对博士当然没有成见,但是这个福斯特是瓦格纳的崇拜者,这就让尼采无论如何也接受不了。然而,此时的伊丽莎白已经37岁,母亲和哥哥的反对根本阻挡不了她对爱情的渴望,最终她还是选择了和福斯特步入婚姻的殿堂,并且他们还把结婚日期选在了瓦格纳的生日那天。

婚礼当天,尼采拒绝参加,一个人去了威尼斯疗养。伊丽莎白并没有生尼采的气,在福斯特开拓的新生意中,她还邀请尼采入股。可惜,尼采的积蓄有限,而且不看好福斯特的生意,因而拒绝入股,这件事让伊丽莎白很生气,但兄妹终究还是兄妹,在尼采41岁生日那天,伊丽莎白还是带着福斯特回家祝贺。尼采也勉为其难地接待了他们,尽管双方对彼此的印象都不好。

然而，伊丽莎白的命运似乎也很坎坷，一把年纪才结了婚，没想到仅仅过去3年，福斯特就因为接受不了生意失败的打击而自杀身亡了。迫不得已，伊丽莎白只好回家投靠母亲，当火车驶入家乡瑙姆堡时，她看到自己的哥哥被母亲搀扶着，手里拿着一束玫瑰花。然而，一直等到伊丽莎白走到跟前，尼采也没有任何反应，还是母亲从他手里拿过玫瑰花给伊丽莎白。让人无法接受的是，此时的尼采并不是生妹妹的气，而是已经行动不便了。

经过长期的辗转，尼采已经找到了最适合自己身体的生活环境，因而他生命中的最后时光过得还算幸福。1884年8月，他还破例接见了一位名叫冯·施坦恩的青年学者。此人是瓦格纳的拥戴者，但一番长谈下来，这位青年似乎改变了立场，转而开始向尼采靠拢。这自然让尼采兴奋不已，他当面向施坦恩表示，希望他可以为自己引荐更多的青年学者。

1887年，尼采在一家书店偶然发现了陀思妥耶夫斯基的《地下室手记》。他看过之后觉得很有意思，于是又找来陀思妥耶夫斯基的其他作品，并由此迷上了这位俄国作家。尼采认为陀思妥耶夫斯基是最伟大的人之一，他的作品给自己带来了真正的心灵慰藉。也许是因为有着相似的成长经历，陀思妥耶夫斯基对尼采造成了很大影响，尼采始终怀着相见恨晚的心情，认真研究陀思妥耶夫斯基的作品。

为什么尼采会对陀思妥耶夫斯基如此感兴趣呢？这也许可以侧面反映出尼采的一些内心秘密。陀思妥耶夫斯基一生饱经磨难，而且长期生活在社会底层，对于"小人物"的了解非常深入，他的处女作《穷人》，就是一部描写小人物的作品。10年流放期间，陀思妥耶夫斯基还写了《死屋手记》，把流放生活中的痛苦描写得淋漓尽致。

更加类似的是，陀思妥耶夫斯基患有严重的癫痫病，因而也是常年受到病痛困扰，而且悲惨的现实生活遭遇还在不断加剧他的病痛。当然，作为一名优秀的学者，陀思妥耶夫斯基也在作品中描述了"罪犯"们的心理感受。在另一部作品《罪与罚》里，陀思妥耶夫斯基也把人类分成了"平凡的人"和"超人"，这显然与尼采的哲学思想殊途同归。因此，尼采对陀思妥耶夫斯基大加推崇，也就不足为奇了。

更有意思的是，陀思妥耶夫斯基和尼采的相貌也有几分神似，他长着精致的耳朵、扁平的鼻子、锐利的双眼、高贵的前额和富于表情的嘴巴。尼采在他的《偶像的黄昏》一书中，这样评价陀思妥耶夫斯基："他是我生命中最美好的幸遇者之一，这个思想深刻的人几乎可以傲视所有德国人。他被裹挟在西伯利亚的囚徒中，发出了最美好、最坚定和最有价值的声音。"

几乎就在同一时期，还发生了让尼采兴奋异常的事——他所著的《悲剧的诞生》一书再版，很快《人性的，太人性的》也得到再版机会。对于自己此前的遭遇，尼采认为那是值得的，甚至认为那是命运对自己的考验。在写给友人的信中，尼采这样说："一个正在受苦的人，是没有权利采取悲观主义的，他只能孤独地保持沉默，等待着属于自己的春天到来。"

同年7月，尼采结识了丹麦作家勃兰戴斯，二人一见如故，很快建立起深厚的友谊。第二年年初，勃兰戴斯在丹麦的哥本哈根大学进行了一次关于尼采哲学思想的讲座，吸引了大量听众。后来在媒体的扩散下，还在当地引起不小轰动。对于尼采来说，这简直是莫大的安慰，同时也让他不无感慨，自己的思想在祖国受到冷遇，却在异国他乡受到追捧。当然，这也让尼采对德国人更加失望，甚至认为德国人是人类中的败类。

1888年，美国一家媒体找到尼采，希望采访他并为他编写传记。在朋友的建议下，尼采没有同意，因为他担心对方不会如实编写。然而，想要为尼采立传的人渐渐多了起来，这也让他觉得自己的"春天"近了。为了打消这些人的想法，尼采决定写一本自传。为此，他还得到了一位崇拜者和一位朋友的资助，总金额达到3000马克，这对于尼采来说真是雪中送炭。

尼采对于朋友的渴求总是建立在纯粹的思想意义上，思想需要不断地刺激才能得到灵感，朋友也就需要经常更迭。对于大多数人来说，如此对待朋友未免欠妥，所谓"衣不如新，人不如故"，朋友毕竟还是越老越好。对于尼采来说，他早已远离了尘世的烦嚣，孤独地躲在远方眺望人间，他对于朋友的渴求也就仅限于思想层面了。

多少有点让人感到心酸的是，不仅是新交的朋友们走马灯似的在尼采身边轮换，就连好友罗德也明显被他疏远了。其间，好友多伊森曾到尼采下榻的旅馆拜访，他看到了这样的尼采："他再也没有以往的高傲，连走路和说话都有些吃力了。如果必须移动，他也只能慢吞吞地站起身，然后蹒跚着步伐走动。至于说话，结结巴巴是常有的事，尽管他已经把语速放到了最慢。"

第二天早上，尼采早早地来敲多伊森的房门，并柔声细语地问他自己是不是来早了。接下来，尼采又询问多伊森是否疲劳，喜不喜欢这里，下次什么时候来看他。这些虽然是生活中再琐屑不过的小事，但多伊森的记忆却非常深刻，因为以往的尼采从来不会这样做。当多伊森意识到尼采已经被病痛和学术研究折磨得不成人形时，他的眼泪再也止不住了，忽然觉得尼采有可能随时离自己而去，并且是永远地离去。

多伊森还记录了尼采的生活境况：他每天到旅馆的餐厅里吃饭，由于对饮食要求非常挑剔，他只能吃很少的食物，以至于营养始终跟不上。他的房间陈设非常简单，一侧放着大量已经被他翻烂的书，一侧放着一张笨重的书桌。同时，这张书桌还兼具了多项功能，因为上面杂乱地放着咖啡杯、鸡蛋壳及一系列洗漱用品。他的床几乎从不整理，这既表明旅馆服务不周，也表明他生活颓废。

即便如此，尼采每天仍然需要支付1法郎的房租。还好，来自四面八方的资助陆续到来，尼采已经不再因为经济问题而感到苦恼，他甚至开始考虑搬到条件好一点的旅馆下榻。只可惜，由于行动不便和忙于创作，又不愿搬到陌生的地方后再浪费时间去熟悉环境，尼采一直没有行动。

此时的尼采，俨然已经老态龙钟，而实际上他正值壮年。遥想当年，凭借优异的学业成就，尼采成为巴塞尔大学最年轻的教授，并且由此衣锦还乡，受到无数人的敬仰。那个时候的他神采飞扬、踌躇满志，感觉自己有着用不完的力量和智慧，就连宝贵的灵感都如同泉涌般随手可得。谁能想到，只过了短短的10年时间，尼采就已经变成了如此模样，想来不免让人唏嘘。

—— 最后的杰作 ——

1888年的晚些时候，尼采开始出现精神错乱，曾经被送进了疯人院。而在接下来的两年时间里，尼采的生命力忽然变得旺盛起来，他思维敏捷、语言流畅、身手矫健，就连姿态也变得高傲起来。因此，尼采的创作也进入了巅峰期，曾创下在两年时间里完成5部作品的个人纪录，内容更是涉及伦理、宗教、科学、哲学和艺术。

虽然形式比较复杂，但是尼采始终围绕着一个主题，那就是"重新评估一切价值"。与此同时，尼采的自尊心开始空前膨胀起来，以至于他的机智、幽默和自嘲风格一扫而光，取而代之的是几乎病态的冷漠和愤慨。受此影响，尼采的思想也发生转变，他开始觉得世界和生命本无意义，如何在无意义的世界和生命里创造意义，成为他最关心的课题。

《善恶之彼岸：未来哲学序曲》是尼采晚期作品中非常重要的一部，他在书中对现代科学、现代艺术和现代政治进行了深入批判，并指出了可能出现的灾难性后果。全书从偏见、宗教、道德、国家和民族角度进行综合论证，最终得出的结论是欧洲只有一体化才能有出路，这对于后来包括今天的西方文化来讲，无疑具有超前的预见性。

随后，尼采又出版了《道德谱系》，此书是《善恶之彼岸：未来哲学序曲》的续篇，全部内容由3篇论文组成。第一篇讨论基督教的心理状态，认为其起源是憎恨的心理，而不是人们普遍认为的"圣灵"；第二篇讨论良心的心理学，认为残忍是人类的本能，同时也是人类文化的基石；第三篇讨论传教士的绝灭和颓废意志，并指出这是他们的最初心态。

接下来是《偶像的黄昏》一书，此书针对瓦格纳的《众神的黄昏》而写，主要表明陈旧的真理即将泯灭。当时，人们的心中还有很多"偶像"，尼采这本书就像是一把铁锤，把那些"偶像"的面具砸得粉碎。尼采对自己的"锤子"非常得意，他认为当时的人们没有能力让自己变得健壮，只有在自己"锤子"的帮助下才能完成自救。

对于以苏格拉底为代表的智者们，尼采仍然非常憎恶，他认为这些人漠视生命，无病呻吟，充满了颓废和迟暮。在尼采看来，真正高贵的人无须多言，他们只会用自己的行动说明一切，而不会像苏格拉底那样，用所谓的"辩证法"证明对手是白痴。苏格拉底不是社会问题的医生，而是携带病毒的伤患者，正是他让希腊文化走向了颓废和毁灭。

受到苏格拉底的影响，后世的哲学家变得越来越缺乏历史感，并且越来越漠视生命。他们从根本上忽视了自己的内心、感觉和体验，只是用自己的头脑凭空想象，好像只要这样就能创立伟大的学说。在尼采看来，理性是抑制本能的毒手，而理性主义就是扼杀生命本能的专制暴君，它把原本完整的世界拆分为对立的两面，从而主观制造了各种各样的矛盾。

在尼采看来，人们在因果关系上存在4点误区：第一，把结果当成原因，即凡事发生之后，人们不去追本溯源，而是把已经发生的事情当作不变的事实，并以此为基础去进行各种各样的推演，结果只能是错综无序；第二，主观因果关系，即完全按照自己的主观意识去寻找因果，其结果必然有失客观性；第三，记忆和动机论，这是支持现代科学的主要论证方法之一，即通过以往的事实和动机确定因果关系，尼采对此同样予以否定；第四，自由意志泛滥，尼采认为，宗教文化中的自由意志并非真正意义上的自由，而是一种被利用的自由意志。

按照尼采的说法，人的自由就是承担自己的有限责任，就算牺牲自己也在所不惜。尼采对自由的定义，显然服从于他的个人意志，即只有让自己变得强大才有自由可言，或者说人的自由是在不断的抗争中得来。如果从哲学的角度来讲，自由是具体又不具体的东西，每个人都很向往自由，但必须通过艰苦卓绝的斗争才能得来。

至于道德和宗教，尼采仍旧持反对意见，他认为一切道德都是在驯化生命，而驯化的生命同时也必定是弱化的生命。人们会感觉到恐惧和沮丧，直到在颓废和虚无中走向毁灭。因此，如果从人性的角度来讲，所有道德实际上都是不道德的。为了增强说服力，尼采还引入了达尔文的理论，尽管他对达尔文也有所批判。

对于德国的教育，尼采认为被德国的胜利破坏了。人们向往胜利也许没错，但认为胜利可以让一切真理握在自己手里，就有点脱离实际了。胜利让德国人获得了权力，但权力却让德国人变得愚蠢，以至于德国人放弃了继续追求和创造文化。于是，文化中心不可避免地转移到了法国巴黎，德国的教育落到了时代的后面，甚至连一位真正的教育家都没有。

缺失了文化内核，教育就变成了残忍的驯化，德国教育成了为工业发展服务的附庸品。国家官员成了崇拜的对象，死记硬背是唯一的方法，等到一个人考取了博士学位，他也就和一台机器没什么区别了。最终，人们被锻造成优秀的工具，没了温度和集气管，连自己也会觉得自己讨厌，生活和生命就此变得黯淡无光。

在尼采看来，真正的教育至少要完成3项任务，即观察、思考和表达。其中，观察是让人们学会宁静和忍耐，因为只有这样才能接收到事物的本真信息；思考，即对已经获得的信息进行分类和筛选，并且得出不同事物间的内在联系；表达则是通过优美的语言或文字，表达自己的感受和思想，从某种程度上讲，这也是最重要的生存技能。

通过《偶像的黄昏》，尼采对美学思想也进行了阐述。尼采最早对美学的定义，建立在日神和酒神对立统一的基础上。在这本书中，他对美学的观点又有所发展，具体就是把意志力、不变轮回和价值重估融入其中，同时对酒神和日神的精神也进行了精简和升华。这样一来，尼采的美学思想既丰富了自身内容，又将内部有机地统一了起来。

至于什么是美，尼采的看法是符合人类的形象反映和价值观念。出于虚荣心，人类当然会觉得自己是美的，因而人类自身就成了万物美丑的标尺，并且以此为标准将美赐予世界。在此基础上，尼采认为真正的美是属于少数人的，即少数的伟人、英雄和超人。这种美不仅表现在形体上，同时也表现在意志力上，它是绝对的，是接近真理的，同时也是具有普世价值的。

概括来讲，世间没有什么是美的，只有人是美的，而衰败的人也就成了最丑的。生命敌视衰竭，因为那是意志力的主要敌人，它会让美及一切与美有关的东西逐渐走向凋零。此外，尼采还把审美和肉欲联系起来，并且认为生理冲动所带来的快感正是一种美，同时他还提到艺术家往往都是性欲旺盛的人，因为艺术审美往往都带着生理冲动。

在尼采的眼中，美具有强烈的非道德主义和非理性主义，美是超越道德的，是生命本能的律动。因此，对于审美者来说，美是一种感受和体验，而不是理解和思考。有艺术天赋的人总是通过梦来阐述现实，对于他们来说，梦境比现实更完美、更纯粹、更动情。即便从现实角度来讲，梦也有其存在的意义，因为它至少能够弥补人们的缺憾，满足人们的想象力，并抚慰人们受伤的心灵。

在《偶像的黄昏》一书中，尼采把"醉"视为审美的前提，认为它能够调动感知系统的敏感性。当然，"醉"是一种精神状态，并不是指喝醉酒之后的样子。比如舞蹈，就是"醉"的表现形式之一，健壮的身体和柔韧的四肢疯狂舞动，力与美完美结合在一起，生命的内在冲动便得到了极大的宣泄。

在此，尼采又引入了酒神和日神的概念，并且把酒神的醉和日神的梦合二为一，统称之为醉。不过，二者之间也有细微的差别，日神的醉是让眼睛迷醉，从而看到万事万物处于醉的状态中；而酒神的醉是全身心的神经亢奋，并且调动全部肢体动作，同时还伴有音乐节奏的敲击。二者相互融合，彼此弥补不足，达到了最高层级的力感和美感，并最终显示出了强大的意志力。

尼采反对"为艺术而艺术"的口号，他认为艺术必须和生命联系起来才有意义，它可以表现生命的美，同时也可以表现生命的丑。同时，尼采还谈到了美育的问题，他认为美虽然主要取决于先天因素，但是通过后天的努力培养，也能够获得基本的艺术素养。经过几代人的努力之后，会孕育出天赋十足的艺术家，因而尼采还是比较提倡美育的。

紧接着，尼采又挥起了自己的铁锤，向那些有悖于他思想原则的人，一个个狠狠地砸了下去，把苏格拉底、卢梭、康德、席勒、叔本华和瓦格纳等，统统砸得粉碎。据此，尼采在44岁生日的时候写了《瞧，这个人》一书，具体时间在1888年10月15日。在这本书中，尼采不无落寞地以耶稣自喻，尽管他反对基督教的立场一生都没有改变。他在书中还记述了自己的生平，并梳理了自己的思想脉络，其中不乏一些自视甚高的言论。

该书正式出版后，尼采曾给国王威廉二世和首相俾斯麦分别寄去一封信，从这两封信的内容来看，尼采已经把自己神化，同时表现出改造社会的强烈欲望。由于担心自己的书被禁，尼采开始日夜担忧，这也让他的病情进一步加剧，直到出现了精神错乱的迹象。他开始一个人在都灵的大街上疯疯癫癫地游走，并且幻想每个人都对他极为尊重，他写信给自己的亲友，甚至把人们尊重他的细节都描写得一清二楚。

1889年1月3日，尼采像往常一样到大街上游走，当他走到卡尔洛·阿尔贝尔托广场时，忽然看到一个正在抽打马背的车夫。尼采看到那匹马祈求的眼神，忍不住跑过去抱住马脖，但是由于他早已体力衰竭，受惊的马一下将他甩落在地，让他当场就晕了过去。第二天，当尼采醒来的时候，精神开始深度错乱，一天当中清醒的时刻越来越少。5天之后，奥弗贝克赶到都灵，将尼采送到巴塞尔的精神病院，他被正式确诊为精神错乱，同时伴有间歇性麻痹症。

又过了5天，尼采的母亲从瑙姆堡赶来，看着精神失常的尼采，这位可怜的老女人明显已经到了崩溃边缘。病情稍微稳定之后，母亲又将尼采送到了德国耶拿大学的精神病所，直到第二年3月才将尼采的病情控制住。然而，尼采的情况仍然非常不稳定，他时常大喊大叫，有一次险些亲手掐死自己的母亲。到了1893年，尼采已经基本失去行动能力，每天坐在轮椅上茫然不动。

1897年4月20日，尼采的母亲弗朗西斯卡终于不堪重负，永远地离开了人世，妹妹伊丽莎白只好独自照顾尼采的起居。在朋友的帮助下，伊丽莎白和尼采的生活境遇有所好转，但尼采的病情却仍在一天天加重。1900年8月20日，尼采患上了重感冒，高烧持续不退。5天之后，这个一生都在和上帝搏斗的优秀战士，终于放弃了继续活下去的努力，在魏玛的一栋别墅里与世长辞。

8月27日，遗体告别仪式在别墅狭小的图书室内举行，尼采躺在一口黑色棺木内，身上披着红色的锦缎，四周簇拥着鲜花。应该说，尼采的追悼会非常隆重，他生前的大部分好友都来参加了，许多市民也纷纷前来悼念。次日，尼采的遗体被运回故乡洛肯镇，准备埋葬在他的父亲和母亲身旁。教堂的钟声敲响后，人们背诵着《查拉图斯特拉如是说》中的文字，围绕着棺木缓缓走动，并随后往棺木上撒了三把土。遵照尼采的遗嘱，伊丽莎白没有请牧师到场祷告，他的朋友加斯特为尼采做了最后祝福："安息吧，神圣的英雄。"

伟人受屈

对于一位思想家而言，不再思考就意味着他生命的结束。如果从这一点来讲，尼采的"死亡"应该从1889年算起，当时他的精神已经完全错乱，连基本的生活能力都失去了。如此一来，那些和尼采有关系的人，实际上就成了尼采思想的延续，这就要说到他的妹妹伊丽莎白。可以说，伊丽莎白的一生都和尼采有着紧密联系，小时候她是尼采的崇拜者，长大后她是尼采的捍卫者，等到尼采精神失常了，她又和母亲一起担负起照顾尼采的重任。一直到尼采离世，她又开始研究和传播尼采的思想，尽管她对尼采的思想认识有限。

从哲学造诣和艺术修养来讲，伊丽莎白显然无法和尼采相提并论；但是，如果从市场眼光来看，伊丽莎白却是一个比尼采优秀百倍的经理人。得知尼采精神失常后，伊丽莎白于1893年9月返回瑙姆堡，从此开始照料尼采的生活起居。与此同时，伊丽莎白也越来越清楚地意识到，尼采的名字已经成了一个"金字招牌"。于是，在照顾尼采的同时，她开始全面接管尼采的著作出版事宜，并且通过公证得到了法律确认。

在此之后，伊丽莎白成了尼采的代言人，并且开始以尼采的名义筹建档案馆。伊丽莎白确实很卖力，她竭尽自己的全力修改书稿，并且与出版商讨价还价，又善于依靠法律手段维护自己的权益。母亲去世之后，伊丽莎白把尼采转移到魏玛，同样以代言人的身份出席各种名流云集的场合。这个时候，尼采的思想在德国社会已经开始升温，伊丽莎白不仅频繁受到各种上流聚会的邀请，而且轻而易举地筹措到了大量经费。

从1895年开始，伊丽莎白开始着手编辑尼采的著作，并且将第一本确定为难度较小的《权力意志》。虽然学术水平不足，但伊丽莎白非常认真，用了足足两年时间将这部稿子整理好，最终得到了专业人士的认可。伊丽莎白因此受到鼓舞，紧接着又整理出版了《尼采生平》《青年尼采》和《尼采论国家和民族》等书，全都得到了公众好评。到1922年，由伊丽莎白编辑的尼采著作已经流传甚广，甚至被翻译成多种语言向全世界传播。为此，伊丽莎白两次获得诺贝尔文学奖提名，她一手筹建的尼采档案馆，也成为欧洲最重要的文化中心之一。

可以说，伊丽莎白的努力，让尼采的思想得到了很好的传播，但是她的做法也存在一些负面影响，首先是由于学术水平不足，伊丽莎白对尼采的很多思想进行了曲解；其次是为了加大对尼采思想的宣传力度，伊丽莎白将尼采的思想神圣化了；除此之外，伊丽莎白对于尼采生前的一些争议问题，也采取了武断态度。比如按照奥弗贝克的诊断，尼采的精神病是由梅毒所致，而伊丽莎白却对此坚决否认。

如果说伊丽莎白因为自身水平有限，而对尼采思想存在曲解，或者出于对尼采的形象维护，坚持自己的判断，是无可厚非的。但是，如果她出于自己的个人目的，有意对尼采的著作进行曲解，就让人难以接受了。这里还要说到她整理的第一本书《权力意志》，这本书是《查拉图斯特拉如是说》一书的中心论点，可以说是尼采最为核心的思想阐述，但是在整理过程中，伊丽莎白居然将尼采的思想和当权者的意志联系在了一起，以至于《权力意志》一度沦为法西斯专著。

如此一来，伊丽莎白就成了尼采最痛恨的如瓦格纳一样的人，他们是权力的附庸品，是统治者的工具。值得庆幸的是，伊丽莎白并没有对尼采的著作形成完全垄断，尼采思想的研究专家施莱西塔等人，后来对《权力意志》一书进行了纠正，这才避免了尼采的思想永远蒙上屈辱的外衣。得到更正的《权力意志》一书，抛开了讨好统治者的姿态，通过对220余位西方历史人物的分析评述，融入哲学、历史、政治、艺术、宗教和自然科学等，对欧洲文化进行了一次全方位的审视和批判，这就为西方文明的兴起奠定了基础。

不被人理会是孤独的，不被人理解是痛苦的，但被人热烈地误解，显然才是最大的孤独和痛苦。按照尼采的意愿，创作应该是个性化的，描述应该是充满神秘的，通过对生命的体验来捕捉转瞬即逝的灵感。换句话说，尼采的创作并不单纯是在创作，而是在为后来的创作者提供一个广阔的空间和舞台，以便激发出更多的创作者和好作品。从某种意义上讲，这也是真正的创作，并且称得上是大师的创作。因此，当尼采的思想成为伊丽莎白的生存工具，成为希特勒的统治工具，人们便无法领略到尼采思想的魅力和意义了。

事实上，尼采对此早有预料，他曾经在自己的著作里提到："每当想到有人会从我的思想里寻求私欲满足，我就会感到不寒而栗。"众所周知，如果尼采像瓦格纳那样，在有生之年向统治者妥协，自然可以得到物质上的极大满足，但是他宁愿卑微而痛苦地死去，也不愿意这样做，结果却在死后照例被统治者取用，而且是被自己的妹妹亲手送上"祭坛"。就这样，尼采的每个重要观点都遭到了曲解。

于是，尼采的思想被无限扩散，基本上完全变成了负面。客观来讲，尼采和法西斯没有任何关系。但是，在伊丽莎白的妥协和授权下，尼采的思想被充分利用了，成了尼采最不愿看到的思想。至于伊丽莎白，显然没有思想立场和政治野心，她只是一个精明的女人，为了满足自己的虚荣心和物质需求，巧妙地利用了尼采留下的无形资产。

为了让尼采的形象符合统治者的要求，伊丽莎白竭尽全力地包装尼采，有时甚至不惜让尼采改头换面。第一次世界大战期间，伊丽莎白用尼采的思想为德国战争保驾护航，并且把暂时的胜利当成尼采思想的胜利。1931年欧洲发生经济危机，恐怖和绝望在民众中间弥漫，伊丽莎白又用尼采思想刺激麻木的民众神经。后来，墨索里尼也看到了伊丽莎白（确切地说是尼采思想）的利用价值，对她极力拉拢。

伊丽莎白积极做出回应，她开始筹划演出墨索里尼创作的戏剧，以便让他的影响力得到扩展。当时的希特勒正在竞选,闻听此事之后甚至临时搁浅竞选事宜,专程登门拜访了伊丽莎白。希特勒的魅力显然超过墨索里尼,因而尼采档案馆很快就成了希特勒的政治舞台,伊丽莎白也适时将"超人"的封号赐给了希特勒。从此以后,希特勒以"超人"自居,他把尼采看成德国的象征,对"尼采思想"进行了更大范围的传播。

1935年11月,伊丽莎白去世,希特勒带领纳粹核心领导人参加葬礼。在当时的人们看来,伊丽莎白哀荣备至的同时,也表明了尼采和纳粹的关系。此后,纳粹的宣传工作负责人纷纷以尼采信徒自居,只要一提到尼采恨不能立即顶礼膜拜。同时他们指出,如果德国想要征服欧洲,就必须紧紧追随尼采的脚步,直到拥有他不朽的精神。就连希特勒和墨索里尼,也公然声称自己是尼采的信徒,同时号召本国学者研究尼采思想,号召民众崇拜尼采思想,尼采思想也由此沦为战争工具。

截至第二次世界大战爆发时,德国士兵几乎人手一本《尼采语录》,《查拉图斯特拉如是说》更是成了纳粹士兵的精神支柱。不难想象,随着德国在"二战"中的惨败,尼采思想也变得臭名昭著,一些人甚至把尼采和希特勒混为一谈,认为他们都是不可救药的自大狂。政治风暴很快影响到哲学,就连罗素这样伟大的哲学家,也开始对尼采思想展开批判。当然,罗素并没有被政治完全捆住手脚,他只是在自己的《西方哲学史》中委婉提到:"尼采在文艺方面的修养,要超过他在哲学方面的修养。"

但是,其他一些哲学家就没有罗素这么聪明和仁慈了,他们甚至建议把尼采的名字从《西方哲学史》中剔除。当然,尼采思想作为一种永远闪着光芒的思想,不会就这样被人误解下去。在施莱西塔等人的努力下,无论是学术领域还是普通民众,对尼采的态度都开始渐渐发生转变。尤其是在学术领域,很多有分量的哲学家都开始研究尼采思想,并最终得出了积极的认识,做出了积极的评价。

联邦德国明斯特大学教授赫伯特·曼纽指出:"尼采生活在一个特定的年代,他在那个时候是具有破坏性的思想家,因而总是被人们误解和批判。至于后来的那些人(指伊丽莎白和纳粹党人)对尼采的思想误解更深,他们显然是故意为之。因此,只要我们能够冷静下来认真思考,就会发现这些根本不是尼采的错,我们也根本没有理由对尼采和他的思想横加指责。"

认识到了这一点,对于尼采思想的还原工作,也就提上了日程。很快,法国评论家伊波利特·泰纳、丹麦文学批评家勃兰戴斯和瑞典作家奥古斯特·斯特林堡,以及我国著名学者陈鼓应和周国平等人,纷纷加入这一行列。以上学者普遍认为,后世对尼采思想的误解,首先是从伊丽莎白开始的,她对尼采思想的篡改要负最大责任,这同时也让众多学者找到了还原尼采思想的本源。

在此之后,支持尼采思想的学者们开始细分研究,他们针对各个时期反对尼采思想的主要学者,进行了逐一研究和批判。与此同时,他们也抛开伊丽莎白,以施莱西塔的研究成果为基础,对尼采各个时期的作品和思想进行研究,很快得出了一些具有普世价值的哲学论点,从而让尼采的思想在世界哲学领域站稳了脚跟。我国著名学者周国平就曾针对罗素对尼采的批判,提出了尼采的哲学是人生哲学,而不是宇宙哲学,从而为尼采思想的回归做出了一份贡献。

当然,尼采和纳粹之间错综复杂的关系,也是后世学者主要研究和澄清的对象。最终,支持尼采的学者们通过不懈努力,把这一研究成功分裂为两项研究,即尼采本来的思想和尼采被人利用和扭曲的思想。这样再简单不过的命题分化,实际上有效地对尼采思想进行了澄清,人们的基本观念也从尼采对纳粹助纣为虐,变为尼采被纳粹曲解和利用。于是,后世学者得到了一个崭新的课题——非但不应让尼采承担被扭曲后的思想责任,而且应该尽快让尼采的思想绽放它原本所具有的光彩。

深远的影响

尼采对西方哲学的影响，一直以来都存在争议，有人认为他是一个伟人，也有人认为他是一个疯子。不管怎么评价，尼采对西方哲学的影响都不容忽视，只是人们在认识上见仁见智罢了。客观来讲，尼采的思想之所以存在争议，与其自身的包容性和不确定性也有很大关系，它既是怀疑主义和虚无主义，又是意志主义和人本主义；既是自由主义和个人主义，又是乐观主义和达尔文主义；既是浪漫主义和理想主义，又是唯物主义和现实主义。

可以说，尼采的思想可以找到任何一种主义的影子，但定睛一看，又不能称之为任何一种主义。这是因为在尼采看来，任何一种主义都必须建立在生命意义上，因而当这些主义符合生命意义时，就会被尼采引用，反之则会被他舍弃。事实上，任何一种定义都会存在局限性，尤其是不断推陈出新的哲学概念。因此，尼采不把自己的学说定义为某种主义，就是想把所有主义都吸纳其中，这样就能够对世间万物形成系统的和普遍的认识。

就目前来讲，尼采可以算作是许多哲学流派的奠基者，同时也是很多哲学观点的创始人。其中，以叔本华和尼采为代表的非理性主义流派，由于和科学主义形同水火，在西方哲学史上有着举足轻重的地位。该流派怀疑理性、反对传统，强调个人的价值和意志，敢于和任何形式的科学主义分庭抗礼。后来，这两个流派虽然互有妥协，以求得共同生存和发展，但是从根本上始终处于对立局面。尤其是在物质充溢而精神匮乏的当下时代，人们对非理性主义的渴求与日俱增，这也让非理性流派有了抬头之势。

尼采也是生命哲学的奠基人，他改变了哲学的研究主题，把人们的关注点从本体论和认识论转移到了对生命主题的研究上。应该说，尼采也有对"自我"的认识，但他的"自我"不属于形而上学的范畴，而是属于经验主义下的心理学，其最终目的是揭示经验意识中的强大生命力量。为了达成目的，尼采还以自己为实验体，不断进行各种社会角色的转化，以便体验实际生活带来的心理感受。

就这样，尼采不断挑战各种价值体系，以便在生命的坐标上确立新的价值尺度。在很多人看来，尼采是狂妄的，但实际上他却是忘我的，而且对普罗大众尤其是哲学天才有着极为深沉的爱。尼采设定的价值尺度其实非常简单，即一切有利于增强生命力的事物都是好的，是应该得到宣扬的，反之则是坏的，是应该受到抑制的。应该说，任何一位哲学家都能够得出清晰的价值尺度，关键在于有没有坚持和落实，尼采在这一点上显然做得非常到位，这也是他能够成为旷世奇才的重要原因。

尼采认为，任何谈论价值的行为，都需要从生命的角度出发。因为生命本身要求我们去规定价值，然后通过价值去认识和建立一切，并反过头来对一切事物进行分类汇总。换句话说，世间万物都处在不断的运动之中，我们想要认清其运转规律，就必须找到一个恒定的价值标杆。只有这样，我们才能对运动的事物进行统一认识，并以此为基础相互交流和研究，然后在交流和研究中不断深化对事物的认识。至于这个恒定的标杆，尼采选定的就是生命本身，而取舍的原则也就成了对生命力有无积极作用。

按照尼采的说法，生命应该是一个不断追求强大意志力的过程，并且永远处在一个螺旋上升的架构中，包括对固有原则的破坏，以及对新秩序的确立，这其中自然布满了冒险和刺激。只要生命存在，就必须面对考验，只有这样才能让自己的意志力不断强化，并且在此过程中获得越来越多的价值和利益。这种观念虽然看上去有些残忍，却是人类永远生存下去的唯一选择，因为人类只有通过自己的强大意志才能保护自己。

尼采对于生命价值的阐述，对于后世的学者影响很大，对于很多人来说，这甚至是一条全新的道路。曾获诺贝尔文学奖的法国哲学家柏格森是尼采的忠实追随者之一，他接过研究生命价值的重任，在自己的意识世界里进行着神秘莫测的猜想。在他看来，自己对生命价值的无限追求，就是对整个世界价值的追求。生命通过直觉感受到时间的存在，而时间又通过自己的绵延，让人们感觉到不一样的生命体验。

受到尼采的影响，德国哲学家狄尔泰把世界分为两个部分，一部分是旺盛的生命力，另一部分是持久的生命力。其中，旺盛的生命力被狄尔泰抽象为魔鬼的形象，持久的生命力被他抽象为神明的形象。魔鬼和神明并非水火不容，而是统一对立的关系，他们的意志共同作用，组成了现实的世界。由此可以看出，狄尔泰的哲学观点完全取自尼采的哲学观点，他所说的魔鬼就是酒神狄俄尼索斯，他所说的神明就是日神阿波罗。据此，狄尔泰建立了个体心理学，在客观主义和直观主义之间找到了新视角，对弄清个人的内心经验事实做出了巨大贡献。

在西方众多的哲学家中，还有一位重量级人物，同样受到尼采的影响，他就是闻名全球的弗洛伊德。尼采对内心神秘世界的探求，启发了弗洛伊德对潜意识的关注，并且据此建立了专门的研究学科。后来，弗洛伊德所著《梦的解析》一书中，有大量内容来自尼采对梦的见解。只是尼采的相关论述中，并没有对梦的解释进行系统整理，当然也没有像弗洛伊德那样进行全面和深入的分析。

尼采还是现代存在主义思想的先驱，他的那些关于意识活动的非理性学说，可以称为现代存在主义的源头思想。美国著名哲学家瓦尔特·阿诺德·考夫曼曾经说过："尼采是存在主义的鼻祖，如果没有他的奠基，后世的雅斯贝尔斯、海德格尔和萨特等，都将不复存在。"可以说，在现实主义观点、反对哲学抽象化、注重个体生命研究和关注人的否定性等方面，存在主义和尼采的哲学思想可谓如出一辙。

尼采也是历史哲学的奠基人，德国哲学家斯宾格勒就直接受益于他的思想。在斯宾格勒的思想观念中，尼采的生命、意志、权力和战争等意识，都得到了臻于完美的解释。至于他所做的，就是把尼采的相关思想进行整理，然后传播给世人。斯宾格勒的话自然有自谦的成分，他对于理性和非理性的认识，极大地拓展了尼采的思想广度和深度。尼采的思想对其影响之深远，以及他对尼采的崇拜之情，都是显而易见的。

实用主义也受到尼采思想的影响，尼采对于个人的经验和行动非常重视，实用主义流派正是以此为理论根据才最终发扬光大的。这一哲学流派的代表人物是美国的詹姆士，他对于知识和生活的认识是：生活是根本，知识只是工具，人们为了生活而使用知识，而不是为了获取知识而生活。人们之所以对真理顶礼膜拜，是因为真理能够给人们安全感和满足感，人们追求真理的过程，实际上是追求安全感和满足感的过程。

后现代主义哲学流派受到尼采的影响就更大了。比如尼采的价值重估，包含了对现代科技、工业文明和现代人生存状态的批判，这些都是后现代主义哲学流派的主要组成部分。尼采之所以宣布"上帝死了"，就是要让人们学会自救，而不是将生存和生活的希望寄托于虚幻的对象。如果人们把希望寄托于别人，非但不会得到救助，最终还会在等待中浪费自己的生命，当然也会由此浪费自救的机会。

因此，人们必须像酒神狄俄尼索斯那样，敢于在生命中狂舞，敢于在毁灭中抗争，就算被撕成碎片也要谋求重生。尼采和后现代主义的联系，首先表现在他对现代工业社会的批判上，比如他在《作为教育家的叔本华》一书中，描述了人们在现代工业社会中的忙碌和分裂，从而对现代工业进行了强烈抨击。他指责人们把心交给了国家、金钱、社交、科学和生存，因此丢掉了真正的自我，最终导致恐惧、焦虑、孤独和暴躁等负面情绪乘虚而入。

在这种情况下，整个社会开始变得人人自危，民众只能在逃避和掩饰中抢夺畸形的安全感。抢夺的后果只能是越来越缺乏安全感，从而让民众的心理陷入一个恶性循环，直到民众的价值体系走向崩溃。后现代主义的价值，在于它否定、肢解并摧毁了现代主义，由此让越来越多的人加入到思考的行列，为整个人类的自主意识觉醒创造了必要条件。当然，后现代主义受到尼采思想的影响，也极力推崇创造力的激发，同时热衷于新秩序的建立。

　　由于对尼采的思想领悟较深，后现代主义流派可谓阵容强大，先后涌现出大批优秀的哲学家，如大卫·格里芬，他的观点是"创造是人性的基本面"；理查·罗蒂，他的观点是"人必须在不断的突破中塑造自己"；德勒兹，他的观点是哲学活动等于创造概念。他们进行着无序的思考和有序的整理，随心所欲又不失大体，从而络绎不绝地创造着新秩序。不得不说，生活在那个时代的哲学家真是幸福，尼采的观点就像"弱水三千"，他们只要轻轻地舀上一瓢，就可以自成一派，成为世人敬仰的哲学大师。

　　在《道德谱系》一书中，尼采运用心理分析法则，从道德观念出发，揭示了不同价值观的共同原动力，借此对人性进行了深入的剖析。这种方法打破了理论常规，不仅对弗洛伊德的精神分析影响深远，而且直接奠定了后现代主义的思想基石。应该说，尼采既不是悲观主义者，也不是乐观主义者，他的学术高度和广度，让他从未把自己的观点归于一个有限的理论定义之内。

　　尼采倡导的是古希腊式的悲剧精神，这种精神虽然以悲剧命名，但实际上和悲剧的关系不大，只是让人们在悲剧中对生命形成正确和客观的认识，我们可以将其简单地理解为英雄主义或超人哲学。后现代主义哲学家们对此深以为然，他们认为眼泪和傻笑都不可取，它们只会让人们在面对现实时变得不堪一击。尼采的最终目的，是建立一个孕育超人出生的伟大社会，后现代主义同样想要建立一种有利于天才出现的美好社会。

　　此外，尼采的思想还影响到很多哲学流派，比如西方解构主义的代表人物德里达对哲学的结构分析，受益于尼采的怀疑原则和价值重估；后现代主义的代表人物福柯对知识与权力的关系分析，受益于尼采的概念分析，同时直接借用了尼采的"谱系法则"；维特根斯坦创立语言哲学，受益于尼采对语言学和哲学相结合的研究方法。总而言之，尼采的思想让后世学者明白，知识就是秩序，谁拥有知识，谁就拥有了对世界的支配权和统治权。

在东方的传播

尼采思想对世界哲学影响甚大，大到连中国也有很多研究者，而且我们对尼采思想的继承和发扬，丝毫不逊于西方社会。由此也可以看出，哲学是没有国界的，尤其是对于一些强大的文明体系而言，越是先进的文化越是容易被其吸收，以便完成自身的文化蜕变。事实上，中华文明之所以能够历经千年而依旧灿烂如故，最重要的一个原因就是我们能够做到海纳百川，同时保持自己的基本特质不变。

具体来讲，尼采的思想在中国的传播可以分为三个阶段。第一个阶段是 1902—1919 年，通常被我国哲学界称之为早期阶段，该阶段尼采思想对中国哲学领域的影响还比较小，只有部分研究西方哲学的专家有所关注；第二个阶段恰逢抗日战争期间（1940—1949 年），我国学者对尼采思想的传播还对抗日做出了一定的贡献；第三个阶段是 20 世纪 80 年代中后期（1985—1989 年），这一时期中国的哲学思想已经趋于成熟，中国哲学家对于尼采思想的研究和传播也进入了成熟期。

下面，我们就以三个阶段为划分，逐一介绍尼采的思想在各个阶段对中国哲学的具体发展的影响情况：

第一个阶段，最早把尼采思想介绍到中国的人，是我国著名学者梁启超。他在 1902 年 10 月 16 日的《新民丛报》中第一次提到尼采，并且把尼采和马克思、歌德并称为"德国三大思想家"。为了突出尼采的个性，梁启超还把尼采和马克思进行对比，认为前者是个人主义的代表人物，后者则是社会主义的代表人物。当然，梁启超最为关注的还是中国社会的弊病，因而与其说他面临的问题是选择尼采或马克思，不如说他面临的问题是在中国推行个人主义还是社会主义。

在梁启超看来，如果按照尼采的哲学观点来审视中国社会，那么问题的症结在于多数人制约了少数人，解决问题的关键也就成了打压多数人，从而解放少数人，然后让少数人带领多数人走向繁荣富强。如果按照马克思的哲学观点来审视中国社会，那么问题的症结就在于少数人制约了多数人，解决问题的关键也就成了打压少数人，从而让多数人得到解放，然后让社会的生产力得到壮大，由此让中国走向强大复兴。

虽然中国最终选择了马克思，但是推崇尼采思想的中国人仍然不在少数，继梁启超之后，王国维、李大钊、陈独秀、胡适、鲁迅和郭沫若等人，相继开始研究并传播尼采的思想，从而让尼采的思想在中国得到了极为广泛的传播。在中国处于最危难的时刻，伟大的学者们希望借助尼采的思想，唤醒中国民众的自我意识，并希望借此批判传统文化，发起新文化运动，振奋民族精神。

客观来讲，当时的中国已经病入膏肓，必须采用一剂猛药来进行治疗。这也是当时大批优秀的中国哲学家对尼采思想趋之若鹜的原因所在。只可惜，尼采的思想勇猛有余而技巧不足，无法适应中国社会错综复杂的实际情况。这就像一个垂危的病人，虽然他身上的病症已经非常严重，但是他自身的抵抗力也很微弱，如果这个时候用猛药治疗，恐怕还没来得及去除病症，病人已经一命呜呼了。

值得一提的是，尼采思想在中国传播，最初是以理科学者为主。直到传播至一定程度之后，才开始以文艺作品的形式出现，并且在人民大众间产生巨大影响。当时，几乎所有文学家都在不同程度上吸取了尼采的思想，因而中国哲学在这一时期出现了明显的"尼采"化发展。比如鲁迅、郭沫若和茅盾等人，都曾研究和翻译尼采的著作，并且不遗余力地对尼采思想进行传播。

1907年，鲁迅在其作品《摩罗诗力说》一书中，开门见山地引用了尼采的思想，借此呼唤新的生命诞生。事实上，青年时期的鲁迅熟读《查拉图斯特拉如是说》一书，当然也受到其中一些内容的深刻影响。比如鲁迅善于把激烈的思想和优美的文字相结合，从而更好地为读者提供文化内容，这一点明显受到了尼采的影响。后来，鲁迅曾经出版《热风》一书，由于其表达内容和呈现方式与尼采的风格极其类似，使他赢得了"中国尼采"的称谓。

尼采对于社会问题的深刻洞察力和批判力，尤其受到鲁迅的推崇，因而鲁迅所著《文化偏至论》一文，几乎是对尼采所著《文化的国土》一文的复制。再比如《狂人日记》中，鲁迅描写了"人吃人"的恐怖和野蛮画面，这在中国传统文化中是很少出现的，但是对于尼采思想来说却司空见惯。由此可以从侧面得出结论，鲁迅所著的《狂人日记》，在内容上固然是对中国社会问题的反映，但形式上却受到了尼采的影响。

鲁迅在《阿Q正传》中所塑造的阿Q，实际上是当时中国社会各类负面人物性格的集中体现，是一种极其典型的艺术化处理，但是却很少有人知道，鲁迅对阿Q形象的塑造，还带着一种毁灭和重塑的内心期盼。他希望堕落的中国人能够像酒神狄俄尼索斯那样，在堕落到极点后慷慨赴死，由此得到全新的生命。当然，鲁迅对尼采的思想始终保持警惕，在他得知尼采的疯狂结局后，立即撰写了《拿来主义》一文，主张对外来思想进行有选择的接纳，反对照搬照抄、囫囵吞枣地接纳外来思想，以至于最终出现"消化不良"的症状。

第二个阶段，抗日战争时期，云南大学、西南联大的教授们创办了《战国策》杂志，将尼采思想引入了当时中国的政治和战争领域，从而为抗战做出了努力。次年，中国学者们还在重庆《大公报》上开辟《战国》周刊，由此在全国范围内再次掀起了"尼采热"。代表学者包括陈铨、林同济和常荪波，这3人都是当时赫赫有名的哲学家，他们对尼采思想的理解和传播都具有较高质量。

《战国策》主要引用了尼采的"大政治"理念，认为战争是生命意志的考验，而中国人的意志显然不比日本人差。于是，学者们找到了中国必胜的理论根据，他们也由此成为主战派，呼吁国家进行全面军备建设。在理论层面，《战国策》全面宣扬尼采的"超人"思想，认为战争就是一切，其他各个方面都必须坚决服从战争的需要；中国人民经过战争的洗礼之后，会变得更加坚韧和顽强，也会变得更加不可战胜。因此，从生命意志的层面来讲，抗日战争非但不是一场灾难，还是中华民族的一次重生机遇。

事实上，尼采的"大政治"观念虽然能够为中国抗战注入活力，但是在日本侵略者横行无忌、中国人民惨遭屠戮的关口，这种近乎为战争叫好的理论和行为，还是招致了大批学者的侧目。从某种程度上讲，《战国策》的做法甚至有美化日本侵略行为的嫌疑。尽管这一说法在理论上并不成立，但这一点被上升到政治高度之后，关于尼采思想的争论也就超出了学术范畴，进而掺入了政治斗争的成分，"尼采热"的现象由此开始冷却。

在大批优秀学者的促进下，此次"尼采热"虽然很快消退，但尼采的思想还是在中国得到了极大传播。如陈铨的《从叔本华到尼采》《尼采与近代历史教育》，常荪波的《尼采的悲剧说》和王元化的《鲁迅与尼采》等，都是当时炙手可热的思想读物。在这些思想读物的启发下，中国出现了大批年轻的哲学家，他们对于尼采思想的引进，包括对整个西方哲学的认识，把中国的哲学领域推上了新的高度。可惜，随着抗战的结束，《战国策》逐渐退出了人们的视野，尼采思想的传播也随之沉寂了下来。

第三个阶段，20世纪80年代中后期，中国内地的改革开放全面展开，外来文化开始纷纷涌入。第一个被人们熟知的是萨特和他的存在主义，继而是弗洛伊德和他的精神分析理论，这些对于当时的国人来说都是新奇而富有哲理的。但是，当人们知道萨特和弗洛伊德都是尼采的学生后，立即意识到自己有点舍本逐末了，因而没过多久，中国内地又一次掀起了"尼采热"。

这次"尼采热"的具体时间在1985—1989年，主力军是我国各大名校的师生和知识分子群体，尤其受到思想洗礼的是青年学生。由于大量尼采的原著被翻译出来，人们对于尼采思想的认识也开始渐渐加深，越来越多的新思想如同泉涌般被学者们发掘出来，变成优美的中国文字，向全国范围内迅速传播开去。如果尼采能够看到这一幕，大概又要感叹一番了，自己的思想当年在祖国不是被误解就是被曲解，今日在遥远的东方却能够发扬光大。

从现存的资料来看，当时在中国流传度最广的是尼采的《悲剧的诞生》《查拉图斯特拉如是说》，以及周国平的《尼采：在世纪的转折点上》和陈鼓应的《悲剧哲学家尼采》。由于此次"尼采热"波及的范围极广，分析的程度也较深，对中国内地的影响实在太大，以至于许多中国百姓都知道尼采的名字。不过，此次"尼采热"持续的时间较短，在1989年戛然而止，并且在学术领域很快被边缘化了。

时间进入20世纪90年代，中国学者对尼采的研究并没有间断，只是和前面3次热潮相比，变得越来越趋于理性。比如学者们更注重解读尼采的原著，并且在剖析过程中设定了实事求是的前提，同时又注重凭借尼采的思想，打破自身观点的传统性和狭隘性。当然，有关尼采思想的研究和争论，基本回到了学术领域，这也是中国学者归于理性的表现。就学术领域来说，对于尼采思想的研究和争论主要分为两个趋势，一是把尼采思想引入中国文化，二是将研究成果推向国际，从而进一步对尼采思想进行学习交流。

对于我们每个普通人来说，生活在当下这个繁杂的世界，金钱强烈冲击和迷惑着我们的感官，物质生活虽然得到了空前提高，精神世界却变得比较贫瘠。失去信仰的人们终日惶恐不安，一有风吹草动就会惊慌失措，好像这个世界随时可能抛弃我们，并且顺手夺走我们的一切。其实，我们每个人身上的症结不过"贪婪"二字，各种各样的欲望被满足后，伴随而来的不是善罢甘休，而是对更多欲望的更大渴求。幸福变得不再那么简单，获取过程也变得越来越复杂，当我们拼尽全力获得了想要的东西，可能发现那并不是我们真正想要的。

后记

尼采是西方哲学史上一朵独立绽放的花朵，他生不逢时，以至于一生逃不出扭曲和偏激的折磨。他把自己放在上帝一样的高度，试图利用自己的思想重塑普世价值，却始终质疑自己的所作所为。

至于世人，相信他的将他奉若神明，不相信他的又将他视为妄人。正是在这样的人生矛盾中，尼采声嘶力竭地喊出了他的那句名言——"我是太阳！"是啊，太阳能够给所有人带来光和热，带来生机和希望，却是以牺牲和燃烧自己为代价，其中的痛苦不言自明。

其实，在某些人看来，尼采和一个疯子没什么区别，而且他生前也确实深陷于精神疾病的困扰之中。然而，我们每个人又何尝不是尼采？有时候，我们躲进茫茫人群，用世俗的心态窃取一份安全感；有时候，我们又会被自己的处境激怒，发热的头脑生出希企改变一切的兴奋感。

到底是懦弱地默守卑微，还是勇敢地放手拼搏？一念之差，就是两种完全不同的人生。只不过，尼采活得更加尽兴罢了，勇敢的时候，他"杀死"了上帝；世俗的时候，他又"放弃"了自己。如果说，我们大多数人只能拥有一种人生，那么很显然，尼采却拥有两种人生，只是他最终也死在了这双重人生或者说双重性格中。

一成不变的人生枯燥乏味，跌宕起伏的人生又会燃烧自己，美好幸福的人生才应该是人类的终极追求。在枯燥乏味中偶尝激情，抑或在跌宕起伏中偶尝静谧，才是最聪明的选择和最精彩的人生。

为了全面凸显尼采的性格特点，本书着重描述了他一生的事迹，以及其各个阶段的心理活动、思想变化，并对其作品加以分析，从而为广大读者呈现出最真实和最细腻的尼采。如果读者朋友们能够在阅读过程中得到良好体验，并且引发一些思考，进而为自己的人生增加智慧和分量，那么将是本书出版的最大意义所在。本书在写作过程中参考了大量相关资料，在此一并致谢。

参考书目

1.《尼采:在世纪的转折点上》
周国平著,上海人民出版社,1986年
2.《诗人哲学家尼采》
刘根报著,安徽人民出版社,2004年
3.《尼采肖像:一个漂泊者的人生与思想》
贾明著,上海社会科学院出版社,2008年
4.《尼采》
【德】里斯著,王彤译,中国人民大学出版社,2010年
5.《尼采大传》
【法】哈列维著,黄露译,企业管理出版社,2012年
6.《重读先哲——尼采》
宋海勇著,长春出版社,2013年
7.《尼采的教诲》
【美】朗佩特著,娄林译,华东师范大学出版社,2013年
8.《尼采的人生哲学》
张笑恒著,台海出版社,2013年
9.《尼采的锤子》
【英】尼古拉斯·费恩著,黄惟郁译,新华出版社,2014年
10.《瞧,这个人:尼采自传》
【德】尼采著,李子叶译,江苏文艺出版社,2014年